Rosi Orozco
Con la colaboración de Rita María Hernández

Hoja en blanco

Historias de triunfo de sobrevivientes de la trata de personas

*grafo*house

Guadalajara, Jalisco, México
Bothell, WA, EUA

Hoja en Blanco
© 2019 Rosi Orozco

Publicado por Grafo House Publishing
Guadalajara, Jalisco, México; grafohousepublishing.com

En asociación con Jaquith Creative, una agencia creativa y literaria
Bothell, Washington, EUA; jaquithcreative.com

ISBN 978-1-949791-07-5
ebook ISBN 978-1-949791-08-2

Library of Congress Control Number: 2019950463

Para más información sobre este título, incluyendo ventas por mayoreo, escriba a la dirección siguiente: info@grafohousepublishing.com

Diseño de libro por Ignacio Huizar, nachohuizar.com

Todos los derechos reservados en todo el mundo. Ningún fragmento de esta publicación puede ser reproducido, distribuido, o transmitido en ninguna forma o bajo ningún medio, incluyendo fotocopia, grabación, u otros métodos electrónicos o mecánicos, sin contar con la previa autorización escrita de la editorial, a excepción del caso de citas breves incorporadas en revisiones críticas y otros ciertos usos no comerciales permitidos por la ley de derechos de autor.

Las opiniones expresadas en el presente documento son de exclusiva responsabilidad de la autora y no representan, necesariamente, la opinión de la editorial. Algunos nombres y detalles han sido cambiados para proteger la privacidad de los sobrevivientes.

Impreso en México
Primera Edición 23 22 21 20 19   1 2 3 4 5

Para Dios, mi esposo Alex y mi familia por su apoyo y amor incondicional. Para todas las víctimas de trata, las sobrevivientes y los aliados indispensables en esta lucha.

Recomendaciones

"Dos cosas son necesarias para erradicar el crimen de lesa humanidad de la prostitución: la prevención con leyes inspiradas en el modelo nórdico (que por primera vez en la historia penaliza al consumidor y no a la víctima), y la rehabilitación de las victimas con un protocolo que las reinserte en la sociedad. Rosi Orozco es ejemplo de ambas. Su protocolo de rehabilitación bien puede considerarse el mejor modelo que he conocido, porque no sólo les sabe dar la fuerza espiritual para recuperar la propia dignidad y libertad de personas, sino que además se ocupa de procurarles un título profesional, un trabajo digno y un techo para crear una familia. Habiendo salvado más de trescientas encantadoras jóvenes, bien se puede decir de este protocolo, con San Pablo, que donde abundó el mal, sobreabunda el bien, la dignidad, la libertad, la fraternidad, la amistad".

Marcelo Sánchez Sorondo
Canciller de la Academia Pontificia de las Ciencias

"Rosi Orozco es un referente mundial en la lucha contra la trata. Admiro profundamente su trabajo para vestir de derechos a miles de mujeres y niñas desnudas de estos".

Mabel Lozano
Directora de cine y autora del libro y de la película *El Proxeneta*

"Este poderoso libro documenta la travesía de las víctimas de trata de personas. Sus historias son arrebatadoras y sorprendentes. Las vidas de 'los olvidados', aquellos que quedaron peligrosamente cerca de desaparecer como si nunca hubiesen existido. Páginas en blanco de la humanidad. Desconocidos, brutalizados, y abusados violentamente. Fueron despojados de su inocencia y libertad. Ignorados, a excepción de la intervención de Rosi Orozco. El valiente compromiso de Rosi Orozco ha cambiado la vida de estas víctimas hacia un futuro de confianza, esperanza y una restauración de su dignidad. Ella es una campeona de los Derechos Humanos. *Hoja en blanco* es un libro que no te puedes perder".

Blanquita Cullum, exdirectora de la junta de difusores internacionales estadounidense (U. S. International Broadcasting), alianza que busca detener el tráfico de personas

"*Hoja en blanco* es una lectura necesaria para toda persona que quiere ver un mundo libre de esclavitud moderna. Rosi Orozco nos permite ver la trágica realidad que viven millones de personas hoy en día y al mismo tiempo nos invita a ser parte del cambio. Con cada historia que Rosi nos comparte, encontrarás la esperanza que es posible para nuestro mundo".

Andrés Spyker
Más Vida México

"La trata de personas es el crimen de más rápido crecimiento en la actualidad, y continuará creciendo hasta que el mundo abra los ojos hacia lo que está pasando. En este libro, Rosi Orozco te abrirá los ojos. Por medio del relato de historias verdaderas (en las cuales estuvo personalmente involucrada) acerca de aquellos que han sido secuestrados, comerciados y rescatados, aprenderás lo necesario para poder formar parte de la solución. También te sentirás inspirado a medida que aprendes sobre las víctimas que se convierten en sobrevivientes, que se convierten en personas prósperas. Este libro es un tributo al espíritu humano y su capacidad de superación".

Tim Ballard
Fundador de Operation Underground Railroad

"No imagino cuán difícil es tener fuerzas para decir: ¡Tú puedes! Pienso en las veces que, con un nudo en la garganta, Rosi ha emitido a las víctimas palabras de amor, tratando de suavizar sus marcas. Siento su enojo hacia las injusticias y su sed de parar una cadena de patrones de conducta de las personas que, por sus historias de vida, ultrajan y maltratan. Entiendo su empatía hacia la lucha de rescatar del fango las ilusiones de familia y amigos cercanos de las víctimas. Admiro su compasión por aquellas personas que han sido víctimas de los delitos de trata para entenderlas, apoyarlas y reinsertarlas a su nueva vida. Agradezco de todo corazón a Rosi Orozco por su valor y sus ganas de hacer una mejora en este mundo y por presentar a los ojos del mundo su gran labor, diciendo en *Hoja en blanco*, ¡No más!"

Omar y Lucy Chaparro
Actor, cantante, productor, conferencista y presentador de radio y televisión

"Este libro es un vistazo íntimo a una de las atrocidades más grandes de nuestro tiempo: la trata de personas. Una defensora feroz de los esclavizados, Rosi Orozco ha arriesgado su vida para servir a las personas atrapadas en la prostitución forzada. En *Hoja en blanco*, Rosi anima a cada víctima que ha callado su voz a contar su historia con denuedo – y a vivir una nueva vida. Es un libro que nace no solamente del sufrimiento sino del gozo; y más poderosamente, de la resiliencia del corazón humano".

Lisa Kristine
Fotógrafa humanitaria

Índice

Introducción	1
I. Acompañamiento. Lucero.	11
Suicidio y trata internacional	21
II. Gratitud. Mixi.	27
Trata infantil	38
III. Educación. Neli.	45
Vulnerabilidad escondida	61
IV. Libertad. Zunduri.	67
Esclavitud entre jóvenes	84
V. Amor. Camila.	89
Cuidados a largo plazo de las y los sobrevivientes de la trata de personas	101
VI. Reparación. Esperanza, Mario y Enrique.	113
Justicia restaurativa	126
VII. Comprensión. Estrella y Carla.	133
Mujeres y menores desaparecidas	144
VIII. Familia. Karla Jacinto.	149
Abuso sexual infantil	158
IX. Música. Luis Armando.	163
Los hombres también son víctimas de trata.	172
X. Justicia. Madaí.	177
La fina línea entre trata y prostitución	187
Hacia un futuro de dignidad	199
Agradecimientos	213
Sobre la autora y colaboradora	225

*Más que sobrevivientes, son ahora mujeres exitosas.
De izquierda a derecha: Neli, Madaí, Mixi y Karla Jacinto
con Rosi Orozco.*

Introducción:
¿Por qué la hoja en blanco?

Cuando una víctima de trata llega a un refugio, lo hace en un estado de total devastación. Su proyecto de vida ha quedado destruido cruelmente: su dignidad ha sido pisoteada, sus sueños arrebatados, su voluntad quebrantada. Por consiguiente, una de las primeras actividades que realizamos en el refugio es darles hojas en blanco; motivándolos a su vez a hacer memoria de cuáles eran sus sueños para plasmarlos en ellas. Muchas personas tardan días, semanas, meses e incluso años en volver a soñar, en recuperar del olvido aquello a lo que aspiraban en la vida; pues es común que no se crean capaces, ni aun merecedores, de lograr esos objetivos.

Una hoja en blanco es un espacio en donde podemos escribir una nueva historia, una en la que no existe más vergüenza, ni dolor, ni recuerdos atormentadores; sino la esperanza de un mañana, dejando de mirar al pasado para poner la vista hacia el frente.

Nunca olvidaré una ocasión en que tuvimos que ir a recoger a dos niños víctimas de trata a la ciudad de Torreón, Coahuila. Mientras volábamos de regreso, decidimos darles su hoja en blanco. Todo el trayecto en el avión, conversamos acerca del significado de esa hoja; de cómo simbolizaba que en ese preciso momento ellos estaban dejando su pasado atrás para así comenzar una nueva oportunidad. Meses después, obtuvimos por escrito su enternecedora respuesta: "Gracias por mi hoja en blanco". Hoy, estos chicos viven una nueva historia total y completamente distinta.

En el año 2015, lanzamos la campaña, diseñada por el renombrado publicista Clemente Cámara, "Hoja en Blanco", con la cual buscamos solidarizar a la sociedad en general con las víctimas de trata. Más que solo una campaña, Hoja en Blanco es un movimiento social que simboliza la posibilidad que tienen las sobrevivientes de trata para construir un nuevo futuro. Con este movimiento, buscamos que la comunidad defienda el derecho de las víctimas a rehacer sus vidas sin ser estigmatizadas.

Hoja en Blanco también es un llamado a luchar por la libertad de aquellos que continúan cautivos; es una invitación a todos los ciudadanos a sumarse al cambio de ideología y cultura que nos permite escribir una nueva historia para México, en la que la libertad, la igualdad y la justicia sean protagonistas.

Esta campaña se ha difundido por todo el mundo y se le han unido miles de personas, incluyendo a autoridades, artistas y activistas, nacionales e internacionales. Entre ellos, destaca el Papa Francisco, a quien dos supervivientes de trata tuvieron la oportunidad de conocer durante la Cumbre de Alcaldes del Mundo en 2015. La campaña se promueve continuamente en conciertos, obras de teatro, eventos culturales, foros, conferencias y talleres... y ahora, en un libro.

INTRODUCCIÓN

Hoja en blanco está constituido principalmente por diez historias verídicas de sobrevivientes de la trata. Ellas y ellos son verdaderos héroes, y sus historias merecen ser escuchadas. Algunos de los sucesos son narrados por los protagonistas; otros están escritos con base a entrevistas con ellos.

Intercalados con las historias, se encuentran varios ensayos que respaldan e iluminan, con investigación y experiencias propias (tanto las mías como las de otros activistas), elementos importantes de la narración.

Al final de este libro, compartiré un poco más sobre cómo me di cuenta de la necesidad tan grande que existe; cómo empezamos, juntamente con un gran equipo de personas, a ayudar a los y las víctimas; y qué estrategias se están empleando para apoyar a las sobrevivientes y a erradicar la trata de personas.

A continuación, les compartimos las historias de 10 supervivientes que fueron víctimas de trata con fines de explotación laboral o sexual y que, tras años de acompañamiento, se han convertido en personas exitosas. Aquí nos comparten sus dolorosas experiencias con el fin de prevenir que otras y otros jóvenes, llenos de vida y sueños, caigan en las manos de los tratantes.

Esta tarea es interminable; la labor no está concluida. Sólo seis estados de México cuentan con un refugio especializado: Ciudad de México, Estado de México, Baja California, Puebla, Colima y Chiapas.

Quisiéramos que los veintiséis estados faltantes crearan refugios operados por la sociedad civil, en cooperación y supervisión constante del gobierno.

Por último, quisiéramos aclarar que no tenemos todas las respuestas. Aún desconocemos bastante en México sobre la atención que debe otorgarse a varones que han sufrido trata de personas, y tampoco contamos con refugios para víctimas en situación de calle, ni para aquellas que han contraído enfermedades crónicas (como VIH-SIDA), como consecuencia de la explotación. Como todo proceso, el nuestro ha estado sujeto a cambios, altibajos y aprendizajes.

Pero estamos seguros de que con este libro podemos sentar las bases para una reflexión profunda desde la sociedad civil. Creemos que en estas páginas hay ya algunos destellos que pueden iluminar la noche oscura de la esclavitud que estamos atravesando. Queremos compartirlos porque sabemos que hay muchas personas que desean que nuestra realidad cambie y ésta es una gran invitación a unirse a la causa contra la trata de personas.

Nuestra historia también inicia con una promesa: una promesa de libertad. Y unidos hacemos la diferencia.

Para acceder a un video que presenta a algunas de las sobrevivientes cuyas historias se encuentran en este libro, escanea el código QR con la cámara de tu teléfono celular.

INTRODUCCIÓN

Constantemente realizamos campañas de prevención en universidades como en la UAEM Toluca. Gracias al **Rector Dr. Alfredo Barrera Baca.**

Una gran aliada, la cantante **Yuri**, quien ha apoyado a víctimas representando a Mixi en la Obra de Teatro *Del Cielo al Infierno* y quien, al escuchar lo que Luis Armando estaba sufriendo, le animó a denunciar.

Ernesto Verástegui, actor y productor de la película *El Gran Pequeño (Little Boy),* 2015, y *El Sonido de la Libertad (The Sound of Freedom),* 2020.

Raúl di Blasio, uno de los mejores pianistas del mundo, apoyó Hoja en Blanco. Todas y todos los sobrevivientes tienen derecho a componer una nueva melodía.

El futbolista **Darwin Quintero** y su esposa **Valentina** han apoyado a víctimas de trata.

Madaí con **Luigi Ferrajoli**, el jurista italiano considerado uno de los principales teóricos del garantismo jurídico.

Concierto en Ciudad Juárez Chihuahua. **Marcos Witt**, cantante, compositor y productor de películas con valores cristianos, se une al movimiento social Hoja en Blanco.

Zunduri con **Bill de Blasio,** alcalde de la ciudad de Nueva York, en la Cumbre de Alcalde en el Vaticano.

Karla Jacinto apoyó con su historia en la capacitación de más de 20 mil policías en la Ciudad de México.

I. Acompañamiento. Lucero

La primera vez que Lucero intentó suicidarse, eligió la vía de la asfixia. Quería colgarse del techo, pero no tenía los objetos necesarios para hacerlo. De haberlos tenido, su historia hubiera terminado ahí, sin más. Un día de 2015 aparecería una nota pequeña en un periódico local sobre otra chica de origen latino a la cual nadie conocía, sin papeles migratorios, cuyo cadáver sería hallado en un departamento de un barrio pobre en la ciudad de Washington, Estados Unidos.

Lucero rodeó su cuello con sus manos y las cerró tan fuerte, como si fueran tenazas, tratando de cortar el paso del oxígeno a su cerebro. Ella no sabía que era imposible suicidarse de ese modo. El cuerpo tiene un mecanismo de autoprotección que lleva al desmayo cuando no hay suficiente oxígeno y, una vez inconsciente, el organismo se activa para volver a introducir aire de manera natural. Eso lo supo cuando cayó al piso, jadeante y frustrada con su intempestivo plan y con sus demonios vivos: la depresión, el insomnio, la vergüenza, la constante sensación de que volvería por ella el hombre que la capturó por tres años, durante los cuales fue obligada a mantener hasta 60 relaciones sexuales al día, los siete días de la semana.

Meses después, Lucero lo intentó de nuevo. Ahora con pastillas. Tomó un puñado de medicamentos que le fueron recetados para lidiar con el estrés y se los tragó de un bocado. Lucero no sabía que esa cantidad de pastillas no era letal, sino apenas suficiente para mandarla a dormir por varias horas. Cuando despertó, regresaron sus tormentos y la frustración por no poder matarse.

¿Por qué Lucero querría quitarse la vida, dos veces, si ya había logrado lo más difícil: sobrevivir a un largo cautiverio fuera de su país de la mano de un tratante que la había enganchado cuando era menor de edad?

¿Por qué la vida le era más difícil ahora que había logrado escapar de su victimario? ¿Por qué Lucero, apoyada por una organización no gubernamental, sentía más ganas de morir estando en libertad que confinada a los deseos de sus clientes?

"Porque nadie me acompañó", expresa Lucero desde algún lugar de Estados Unidos. "Porque estaba sola. Tú no sabes los demonios que te hablan cuando estás herida y sola, lo que alguien es capaz de hacer con tal de que acabe ese sentimiento de abandono".

Una soledad mortal.

I. ACOMPAÑAMIENTO. LUCERO.

* * *

La historia de Lucero empieza en un punto en el mapa de la zona costera de Oaxaca, en uno de esos pueblos que no existen para el país, sino hasta que los aplasta una desgracia. En un parque pequeño. Una tarde cualquiera. Una chica de 13 años es abordada por un chico de 16. El mundo gira y nadie nota a dos adolescentes que dejan de ser un par de extraños. Platican, se gustan, ríen, intercambian números y se citan para volverse a ver.

Ella no sabe que él es un cazador. Un rastreador joven, pero experto. Él suele caminar por parques como esos, en pueblos como esos, en busca de chicas como ella, vulnerables a primera vista. Las enamora usando una guía que le ha enseñado su familia: un piropo que se convierte en un cariño, en una promesa, en un secuestro con fines de explotación sexual.

Él sigue esa ruta con Lucero. Le habla con dulzura, la enamora y se convierten en novios. Para demostrar que su amor es serio, él le pide que conozca a su familia y ella viaja hasta uno de esos pueblos que el país no conocería, si no fuera porque desde hace unos años se ha hecho infamemente famoso por su apodo de "el semillero de los padrotes": Tenancingo, Tlaxcala.

En Tenancingo, Lucero aprende que la insistencia de su pareja por conocer a su familia tenía como objetivo ubicarlos para amenazarla con matarlos, si ella no obedecía. Apenas visita la casa de su suegra, mira con horror como él se quita la piel de oveja, le enseña los colmillos y le avisa que el hogar familiar se acaba de convertir en su mazmorra. Le hace saber que no volverá con su familia y que acepte su destino como rehén. Lucero pasa largas horas encerrada, mientras él deambula por las recámaras haciendo llamadas telefónicas. Todo es incertidumbre hasta que le avisan que, por fin, saldrán de ahí. Les espera una camioneta y un largo viaje.

El auto devora cientos de kilómetros avanzando hacia el norte. Llega hasta el desierto de Sonora, donde a ambos los espera un coyote que hasta el tercer intento logra evadir a la patrulla fronteriza y cruzarlos por tierra hacia Tucson, Arizona. Les falta otro largo viaje que termina en Washington.

Ahí Lucero se entera de cuál es su nuevo trabajo: tener sexo, una y otra vez, en hoteles, habitaciones en renta, cuartos de azotea, bateas de camionetas. Los clientes son principalmente inmigrantes, a quienes atiende de domingo a domingo, dieciocho horas diarias. La paga que le ofrecen es comida, ropa y la certeza de que, si entrega todo el dinero a su captor y calla su secuestro, su familia no será asesinada.

La noche en que la violan por primera vez, decenas de clientes la convierten en la víctima más reciente de una conocida ruta de prostitución forzada. Un derrotero que el canal de televisión Discovery Channel documentó en un programa llamado "De Tenancingo a Nueva York", el segundo episodio más visto en español y ganador de un premio Emmy.

I. ACOMPAÑAMIENTO. LUCERO.

Una dolorosa brecha de unos 4 mil 100 kilómetros que dolían como puntadas bajo la piel.

* * *

A partir de ese día, la vida de Lucero se estanca. Es como el tormento de Sísifo, el hombre que fue castigado por los dioses griegos a empujar por toda la eternidad una enorme piedra cuesta arriba por una montaña y que cada vez que se acerca a la cima, la piedra rueda hasta el suelo. En el caso de Lucero, su castigo era empujar su vida cuesta arriba en una jornada de abusos sexuales diarios y cada vez que llegaba la madrugada, debía comenzar de nuevo. Como vivir en repetición perpetua el peor día de tu vida.

Las relaciones sexuales diarias son tan distintas como sus clientes: hay unas indiferentes, otras tristes, la mayoría violentas. Incluso las aparentemente cariñosas, maltratan. Durante tres años, Lucero ve a su cuerpo llenarse de huellas que le infligen clientes mexicanos, salvadoreños, hondureños y estadounidenses. Pero uno será definitivo en su historia, un indio con alma de antihéroe, quien le pone un revólver en la cabeza y le advierte que esa vida, la de "prostituta", no es para una chica como ella. Le dice que la próxima vez que él la encuentre con hombres que la buscan para tener sexo, le metería una bala entre los ojos.

Lucero no quería ni el panteón ni la calle. Esa noche suplica a su tratante, su viejo enamorado, que la deje ir, porque un cliente la tiene amenazada de muerte. Él se niega. "Sólo ten cuidado de no encontrártelo —responde— pero no puedes dejar de traer mi dinero". Y Lucero encuentra así su límite. Después de casi mil días en cautiverio, toma una decisión radical. Roba las llaves del departamento donde está retenida, abre la puerta con cuidado y escapa.

Una sombra en la noche se mueve ágil por las calles de Washington. Es Lucero huyendo. Eligiendo vivir.

***

Aquí también hubiera terminado esta historia: "Una joven inmigrante es detenida por correr despavorida por las calles —una actitud sospechosa en un barrio pobre— y al no poder acreditar su estancia legal, es deportada", diría la redacción de un diario amarillista. O titularían su historia con algo como "¡Atrapada y sin papeles!".

Pero la vida de Lucero también está salpicada de suerte, aunque no lo parezca: en alguno de sus viajes hacia las casas de sus clientes, anotó y ubicó unos cuartos que lucían como escondites, por si un día se decidía a escapar. Ese resulta ser su primer refugio antes de ir a la policía. Ahí, se entera que hay organizaciones dedicadas a apoyar a mujeres víctimas de explotación sexual, así que concreta una cita.

De ese modo, Lucero llega a una asociación en la capital de Estados Unidos que auxilia a mujeres sobrevivientes de violencia doméstica y prostitución forzada. Ella se entusiasma con el recibimiento, la promesa de recuperación y, sobre todo, con el acompañamiento. Pero nadie le avisa que la ONG sólo cuenta con un albergue temporal, como la mayoría de las organizaciones civiles y gubernamentales. Después de un año de vivir en un refugio con seguridad las 24 horas, y con el proceso trunco de su recuperación emocional, Lucero debe abandonar las instalaciones, porque así lo establece el protocolo de la asociación. Deben hacer espacio para las siguientes Luceros.

Lo más que puede hacer esta organización por ella es ayudarle a conseguir un departamento para vivir sola, pero debe continuar sin la red de acompañamiento que la hacía sentir protegida. Los demonios que la habían abandonado regresan a ocupar los huecos de su agenda. Y aunque pide volver al refugio con otras chicas como ella, le dicen no. Ya no cabe. No hay cama para ella.

"Yo no soportaba los recuerdos, me estaban matando. Sentía que llegaban por mí. No podía dormir, empecé a comer demasiado, a aumentar de peso. Pensaba 'ya no puedo, ya me cansé, no tengo por quién salir adelante'", recuerda Lucero. "Me sentía inmensamente sola".

Además del dolor emocional, a Lucero le atormenta un profundo dolor físico que arrastra desde una noche en que volvió con su tratante sin la cuota diaria que él le exigía. Él la golpeó tan fuerte en la cara que le dislocó la mandíbula. Y cada noche siente que le atornillan los dientes a las encías. Sólo duerme hasta que el cansancio la vence.

"Me sentía abandonada, como si sólo les hubiera importado al principio y luego ya no. No puedes dar acompañamiento a una sobreviviente hasta que tú quieras, debería ser hasta cuando nosotras estemos listas. El problema es que la atención te la dan unos meses, tres, máximo un año. Luego, a la calle. Y un año no es suficiente para reparar todo lo que te dañan esas personas".

"Pensaba 'ya no quiero saber nada' e intenté ahorcarme con las manos. Luego, las pastillas… ¿Hubiera pasado esto, si hubiera tenido acompañamiento? No, no creo. Era la soledad. Me abandonaron".

***

Un último recurso antes del tercer intento de suicidio: Facebook.

Lucero recuerda que alguna vez durante su cautiverio vio un documental en la televisión sobre una sobreviviente de trata de personas que fue presidenta honoraria de la Fundación Reintegra A.C. En el programa se abordaba la importancia de un acompañamiento a corto, mediano y largo plazo, el cual fue implementado por la Fundación Camino a Casa y luego replicado por Unidos Vs. Trata. Lucero ve una esperanza y la busca en redes sociales. Encuentra los perfiles que necesita. Escribe y, para su sorpresa, recibe un mensaje personalizado.

I. ACOMPAÑAMIENTO. LUCERO.

El acompañamiento que tanto le faltaba, aparece. Desde México, construimos un tratamiento que tanto necesita Lucero: aquel que le garantizaba acompañamiento hasta que ella estuviera lista. Tejimos una alianza para ayudarla: Tim Ballard, presidente de Operation Underground Railroad, es clave para sacarla de aquel departamento solitario y colocarla con una familia en el norte de Estados Unidos, que la acoge como otra integrante más.

Ahora Lucero tiene casa. Acompañamiento psicológico. Tratamiento dental para reparar el daño de su mandíbula dislocada. Una comunidad que la hace sentir valiosa y valorada. Y desde entonces, las voces de los demonios se escuchan cada vez más lejos, debilitados, absurdos.

"Ya es diferente todo. Estoy recuperándome sin prisas, a mi tiempo. Quiero estudiar, volverme escritora. También quiero seguir el ejemplo de Karla Jacinto, y hablar, ser activista contra la trata de personas".

Otro ingrediente sazona la recuperación de Lucero: el tratante que la enamoró está preso en Estados Unidos. La policía de Washington lo buscó y lo atrapó, con la misma convicción con que él trataba a sus víctimas. Hoy, el cazador cazado espera en una fría celda a que le digan cuántas décadas pasará en cautiverio por el delito de trata de personas. Y el testimonio de Lucero es clave para hundirlo de por vida en una mazmorra.

Por primera vez desde que tiene 13 años, Lucero es dueña de su tiempo. Una vida que parece vida y no castigo. Ella, sólo ella, determinará cuándo su proceso habrá terminado.

Quizás un día en los próximos años aparecerá un libro en el estante de una tienda sobre una chica de origen latino a la que nadie conocía, sin papeles migratorios, que con ayuda de muchas personas pasó de ser víctima de trata de personas en un barrio pobre en Washington, a convertirse en una sobreviviente, soñadora y activista.

La autora de ese libro será ella, sonriente en la portada. Lucero, muy lejos de ese día que intentó suicidarse, eligiendo vivir.

I. ACOMPAÑAMIENTO. LUCERO.

Suicidio y trata internacional

Desde sus inicios, la trata de personas ha sido un crimen que traspasa fronteras y hace caso omiso de las diferencias entre culturas e idiomas. Su fin es la explotación de seres humanos con el propósito de lucrar. Es un negocio. De hecho, es uno de los negocios ilícitos más lucrativos del mundo (el segundo o tercero dependiendo de dónde te encuentres). Dicho lucro se ha multiplicado hasta rondar los 150 mil millones de dólares anuales; 99 mil millones de estos relacionados al negocio de la explotación sexual[1]. La trata de personas no discrimina; tan sólo tiene ojos para el dinero, el poder y el dominio sobre otros.

Los negocios familiares de trata de mujeres y niñas predominan en México. En estados como Tlaxcala y Puebla, están entretejidos en el ámbito cultural y social. Estas familias han reconocido que el verdadero "dinero" está en Estados Unidos, y todo tratante aspira a llevar a sus "chicas" a la tierra de grandes oportunidades.[2]

Desde 2010 comenzaron a investigarse los casos de familias, identificadas en ciudades como Nueva York, que resaltaban por los testimonios de víctimas y que, a su vez, impulsaron a investigadores estadounidenses a preguntarse: ¿Por qué todos los tratantes vienen de estos estados de México? Algo, definitivamente, debe de estar sucediendo allí. La familia Granados[3] fue de las primeras en ser identificada como parte del crimen organizado que se dedica a la trata transnacional. Esta familia reclutaba mujeres jóvenes mediante tácticas de enamoramiento y promesas de una vida mejor, cargada de sueños, que al súbitamente convertirse en realidad las envolvían en fantasías; aunque muy rápidamente estas fantasías se transformaban en pesadillas, las peores imaginables. A través de amenazas, golpes y violencia, subyugaban a sus víctimas a ejercer la prostitución con el intento de cruzarlas ilegalmente a los Estados Unidos en donde, separadas de su familia, cultura e idioma, se volvía mucho más fácil mantenerlas esclavizadas; ahora bajo la amenaza de cárcel por estar en el país de manera ilegal.

Así comenzó una alianza entre las autoridades americanas y mexicanas para unidos sacar a la luz la realidad del tráfico de mujeres entre los dos países. Esta alianza ha tenido resultados muy positivos. En 2017, cayó otra familia con prácticas similares, los Rendón Reyes[4], y hace un año se logró la extradición de los Rojas Romero[5], que también tenían vínculos con los Granados. El trabajo nunca se acaba. Identificar e investigar estos casos es complejo y requiere de una estrecha cooperación intergubernamental entre países.

Las víctimas de estos delitos siempre sufren el desarraigo de su vida cotidiana; de aquello que las hace sentirse seguras y en familia. Separarlas de su entorno es una de las tácticas más importantes en el proceso hacia la esclavitud. Crear un espacio de incertidumbre e inseguridad hace que la víctima se someta más fácilmente a las demandas del tratante.

El abrumador sentido de soledad y aislamiento, aunado a los altos niveles de violencia por parte del tratante, y de las más de 20 violaciones diarias en promedio por parte de los "clientes", traen consigo secuelas físicas, sociales y psicológicas que son claras y difíciles de atender una vez rescatada la víctima.

Recientemente, se han hecho estudios más intencionales para identificar los vínculos existentes entre la tasa de suicidio y la trata de personas, especialmente en víctimas menores de edad o jóvenes. Los más recientes apuntan a que el 23% de las víctimas de trata intentan quitarse la vida, mientras que el 53% tiene este tipo de pensamientos; una diferencia altamente marcada entre el porcentaje promedio y la población en general, que es del 3%.[6] Este resultado va de la mano con otros trastornos de salud mental que son evidentes en las víctimas de trata. Según otro estudio realizado en Asia entre menores víctimas de explotación sexual, 56% sufrían de depresión severa, uno de cada tres padecía de desorden de ansiedad, y una cuarta parte de desorden de estrés postraumático.[7]

Por otro lado, en marzo de 2013, el estudio Pro-Santé sobre el "Acceso al cuidado de la salud y el acceso a los derechos de las personas en situación de prostitución que cumplen con las estructuras sociales y médicas", que se llevó a cabo por FNARS y el Instituto Francés de Salud Pública (InVS), mostró que las personas en situación de prostitución están particularmente expuestas a la violencia física y psicológica y que esto tiene un impacto significativo en su salud mental; particularmente en su bienestar.[8]

El estudio mostró, respecto a las personas en situación de prostitución:

- Que son 3 veces más propensas a tener una pobre o muy pobre salud comparada con el público en general.
- Que son 7 veces más propensas a tener pensamientos suicidas que el público en general.
- Que toman 4.5 veces más medicamentos anti-depresivos y anti-ansiedad que el público en general.
- Que casi un tercio de las personas en prostitución han considerado suicidarse por lo menos una vez en los últimos 12 meses.
- Que el índice de suicidio de las personas en prostitución es 12 veces más alto que el del público en general.
- Que las personas en prostitución consumen 4.5 veces más pastillas para dormir que la población general (31% y 7% respectivamente).

Estas cifras nos hacen preguntarnos cómo puede ser que, en general, alrededor del mundo, se haya establecido que una víctima de trata puede recuperarse de sus secuelas en un período de tan sólo 3 a 12 meses. Nuestra experiencia nos ha demostrado invariablemente que es únicamente por medio de un acompañamiento a largo plazo, diseñado de manera individualizada para cada víctima, que es posible obtener resultados positivos. A pesar de que innumerables estudios han determinado y confirmado esta realidad, los altos costos y el compromiso que se requiere por parte de quienes ofrecen tales servicios hacen que las circunstancias no estén al nivel de los requerimientos. Definitivamente, el gobierno no es capaz de sostener un trabajo de tal magnitud, por lo que la intervención por parte de las organizaciones de la sociedad civil deviene en una contribución fundamental e indispensable. El cuidado y recuperación de una víctima de trata no es posible sin un trabajo de equipo coordinado entre gobierno, sociedad civil, comunidad, empresas, servicios profesionales de salud física y mental, e instituciones educativas. Sin el compromiso y dedicación de todos estos actores, la supervivencia de quienes son o han sido víctimas de trata se vuelve casi imposible.

Referencias citadas

1. Massimino, E. Human Trafficking by the Numbers (2016). http://www.humanrightsfirst.org/resource/human-trafficking-numbers (Consultado el 28-jun-2019).
2. "Entrevista con tratante 'Alex' en el reclusorio," Video propiedad de Fundación Unidos Vs. Trata, Ciudad de México, 2016.

3. Erica Pearson, "Guilty plea from thug in Mexico-to-nyc Sex trafficking ring", Ney York Daily News, 2 de marzo de 2012. https://www.nydailynews.com/new-york/guilty-plea-thug-mexico-to-n-y-sex-trafficking-ring-article-1.1032305 (Consultado el 4-ago-2019).
4. Department of Justice, office of Public Affairs, "Eight Members of Mexican Sex Trafficking Enterprise Plead Guilty to Racketeering, Sex Trafficking, and Related Crimes", 12 de abril de 2017. https://www.justice.gov/opa/pr/eight-members-mexican-sex-trafficking-enterprise-plead-guilty-racketeering-sex-trafficking (Consultado el 4-ago-2019).
5. U.S. Immigration and Customs Enforcement, "4 Mexican nationals extradited to US for international sex trafficking offenses", 5 de abril de 2018. https://www.ice.gov/news/releases/4-mexican-nationals-extradited-us-international-sex-trafficking-offenses (Consultado el 12-sept-2019).
6. Frey, L, Middleton, J, Gattis, N, Fulginity, A. "Suicidal Ideation and Behaviour Among Youth Victims of Sex Trafficking". US National Library of Medicine, Crisis Journal, Issue 40 (2019): 40-248. 30 de octubre, 2018.
7. Kissil, Yunk, Pocock, Zimerman. "Exploitation, violence, and suicide: Risk among child and adolescent survivors of Human Trafficking in the greater Mekong subregión." US National Library of Medicine, JAMA Pediatrics Journal, Volume 169 (2015). 8 de septiembre de 2015.
8. ProSanté. "Acceso al cuidado de la salud y el acceso a los derechos de las personas en situación de prostitución que cumplen con las estructuras sociales y médicas". Santé Publique France - Institut de veille sanitaire, 146 (2013) http://invs.santepubliquefrance.fr//fr../layout/set/print/Publications-et-outils/Rapports-et-syntheses/Autres-thematiques/Etude-ProSante-2010-2011 (Consultado el 10-jul-2019).

II. Gratitud. Mixi.

Cuando pienso en mi infancia, me recuerdo escalando, feliz, las montañas de un basurero. Apenas llegaba a casa, corría hasta esas pilas malolientes de desechos que tenía como vecinas, las subía con energía y me deslizaba por ellas. Una y otra vez las escalé creyéndome invencible, pensando que mi patio de juegos era, además, mi lugar de entrenamiento en la vida. Si podía escalar esos cerros de desperdicios y fortalecía mi cuerpo, nadie me podría hacer daño. Estaba equivocada.

Mi casa era un lunar de pobreza borrado de los mapas de una comunidad marginada de Cuautitlán Izcalli, un polvoso municipio en la zona metropolitana del Estado de México. Crecí entre una mina y un relleno sanitario, al lado de tías y tíos, mi hermana menor, mi abuela y mi madre, tan joven que pensaban que era mi hermana.

El día en que yo debuté como hija, y ella como madre, mi mamá tenía 15 años. Recuerdo que en vez de cuidarme, salía a conocer la Ciudad de México, porque acababa de llegar de provincia. Me hacía tragar el biberón y, sin importarle si se me resbalaba, me dejaba encerrada en casa. Los vecinos me escuchaban llorar y llamaban a mi papá para avisarle que su bebé llevaba horas sin comer. Cada vez que él regresaba, ella recibía una golpiza. Así, creo, comenzó a odiarme.

Cerca de la mina había una pequeña laguna. Cuando yo tenía tres años caminé sola hasta la orilla. Me hubiera ahogado, si no fuera porque mi papá llegó a casa justo cuando yo estaba mojándome los pies. Me cargó y, furioso, entró a casa a reclamarle a mi mamá su descuido. Cualquier otra madre se hubiera asustado, me hubiera abrazado o, al menos, demostrado arrepentimiento. Ella no. Se indignó y le gritó que la dejara en paz, que yo era su hija y podía hacer conmigo lo que ella quisiera. Así fuera dejarme morir en una fosa de agua.

La casa familiar la compartíamos con mi tío, quien tenía unos cinco años más que yo: él debía tener 14 años y yo ocho o nueve. Mi mamá lo dejaba dormir conmigo y él aprovechaba la discreción de las sábanas para tocarme. Un día mi mamá me dejó a solas con él porque tenía que hacer varias compras y al volver antes de lo esperado me encontró desnuda y con las manos de su hermano recorriendo mi cuerpo. Lo corrió de la casa. Pero después de eso no dijo nada. Nunca me enseñó que eso estaba mal y que nadie debía tocarme.

Eventualmente, mi mamá se fue a vivir con otro señor, el papá de mi hermana. En el basurero nos hicimos una casa usando cuatro palos y una lona, como si fuera una fiesta. Pero vivir ahí era todo menos divertido: usamos tablas, muebles rotos, ca-

II. GRATITUD. MIXI.

jas, láminas, para improvisar una pared; si llovía, se enlodaba muchísimo y cuando el pasto crecía más de un metro, más alto que yo, saltaban chapulines que me hacían gritar de miedo.

Aquel hombre lo recuerdo con cariño. Era bueno conmigo porque no dejaba que mi mamá me golpeara. Se ganó mis abrazos con su protección, pero mi mamá terminó con él muy pronto. Mis escudos siempre parecían temporales.

Mamá trabajó de muchas cosas. Primero fue estilista, luego vendedora de pan y después fue fichera. Así fue como conoció a su nueva pareja en el bar donde trabajaba. Él, Mario, era mesero. Ella, una niña deseosa de amor, como yo. Al poco tiempo mi mamá quedó embarazada y todos nos mudamos a Tultitlán, también en el Estado de México.

Ahí comenzó el martirio para la familia, porque Mario tenía problemas con el alcohol. Mi madre, por trabajar en un bar, también se contagió de esa adicción. Llegaban ebrios a casa todos los días y peleaban. Luego, ella se desquitaba conmigo. Una vez, al poco tiempo de habernos mudado, estaba tan ebria que no podía abrir el departamento y me aventó las llaves para que yo lo hiciera, pero nunca me enseñó cuál era la llave correcta. Como no pude abrirla, me sujetó del cabello y me azotó contra la puerta. Caí al suelo y comenzó a patearme. Ese día dejé de sospechar, y confirmé, que mi mamá me odiaba.

Esa noche dormí afuera, recargada en la puerta mientras ella reposaba su borrachera en la cama de su habitación. En madrugadas como esas recordaba lo que muchas veces me dijo: si hubiera podido abortarme, lo hubiera hecho, porque le arruiné la vida y su adolescencia.

Su vida no duró mucho. Cuando yo tenía 12 años, ella enfermó. Un virus entró a su médula y se la comió; aquella mujer furibunda como un volcán quedó reducida a un amasijo inmóvil en una silla de ruedas. Los doctores dijeron que era mielitis transversa, pero ninguno supo decir cómo se le metió en el cuerpo. Yo creo que tanto odio la envenenó. Dejó de caminar y ahí empezó su descenso a una tumba: una sonda, una infección urinaria, un par de riñones inútiles, un torrente alcohólico en las venas que no soportó las hemodiálisis. Un mes después, en domingo, dejó de existir.

La noticia me golpeó de madrugada. Mario me despertó en la penumbra. "Tu mamá está muerta", soltó, así, a secas. Me levanté y fui a la puerta de su recámara, pero no me atrevía a entrar. Me daba miedo aceptar que me había quedado sola.

Mis hermanos, mi padrastro y yo regresamos a casa de mi abuela. De nuevo, al basurero. Cumplí 13 años a finales de ese mes y Mario se mostró extrañamente cariñoso en mi cumpleaños. "Te pareces tanto a tu mamá", me dijo con un tono repulsivo que me hizo sentir asco y miedo. Crecer me acercaba peligrosamente a ese destino.

Mi historia era una pérdida tras otra. Una serie de hogares temporales, uno más frío y terrible que el anterior. Viví con una tía, luego con otra y, finalmente, dentro de una coladera con varios niños en situación de calle. Incluso para una chica como yo, acostumbrada a moverse entre la basura, la alcantarilla era demasiado. Tenía que salir de ahí, así que empecé a buscar en mi cabeza a quién acudir. Recordé a Elizet, la hijastra del papá de mi hermana. Él me la había presentado cuando mi mamá enfermó y ella me dijo que cualquier cosa que necesitara, la buscara. Su sonrisa me dio confianza.

Es increíble lo que una niña puede hacer al borde de la desesperación. Aún no recuerdo cómo, pero llegué hasta Elizet. Ella y su esposo me recibieron con mucha alegría. Era una pareja joven con menos de 30 años y cinco hijos. Su amor me encandiló cuando él me platicó que había pasado algunos años en la cárcel por robo y que ella nunca se despegó de su lado.

Elizet me recibió como su nueva hermana mayor. Prometió que yo estaría bien y que volvería a la escuela. Pero nunca cumplió. Pronto, Elizet y su esposo me comenzaron a tratar muy mal. Me impusieron todos los quehaceres de la casa como obligación. Y heredaron su maltrato a sus hijas. La mayor, de 11 años, regaba a propósito leche en el piso y me ordenaba limpiar de rodillas.

Vivían lujosamente. O, al menos, eso pensaba yo, una niña que salió de un basurero. Su casa la recuerdo como una mansión en el Estado de México. Tenían también una casa en Cuernavaca y una hacienda en Querétaro. En la casa en Cuernavaca guardaban su colección de automóviles. Yo visité esas casas en calidad de "niñera", pero no podía jugar; sólo podía ver cómo se divertían sus hijos.

Todos los días me levantaba a las cinco de la mañana. Hacía quehaceres hasta la 1 de la mañana, cuando Elizet llegaba, pedía un café y me ordenaba darle un masaje en los pies. Cuando le recordaba su promesa de inscribirme a la escuela, su respuesta era siempre la misma. "Si vas a la escuela no me sirves aquí... ¿Quieres ir a la escuela? Aquí enfrente hay una de estilismo". Yo no quería, pero me enroló para que, además de ser su esclava, le cortara el cabello, la peinara, atendiera sus uñas.

Entonces, apareció Dulce. Lo primero que pensé cuando la vi es que se parecía a mí. Ella también había perdido a su mamá. Era vecina de Elizet y cuando se enteró de su muerte, la invitó a vivir en su casa. Desde entonces la prostituyó. Le mintió cuando le dijo que le guardaría el dinero de las relaciones sexuales forzadas para que pudiera estudiar la universidad. Nunca pasó. Como Dulce no tenía a dónde más ir, se resignó.

Dulce fue quien me reveló que Elizet era una madrota que también se explotaba a sí misma. Cuando mi falsa hermana mayor supo que sabía su secreto, me mandó a llamar a su habitación y me confesó todo. "Me dedico a la prostitución. Ahora que lo sabes, quiero que me ayudes a contestar los teléfonos".

Así me convertí en la doble de Elizet, usando nombres falsos y fingiendo acentos de países que ni siquiera sabía que existían. Mi trabajo consistía en explicar "el servicio", cuánto duraba, el hotel donde iban a reunirse y los cargos extras por lencería o posiciones.

II. GRATITUD. MIXI.

Pasé seis meses ocupándome de la casa y de las llamadas. Hasta que Dulce desapareció, aunque yo prefiero creer que escapó. Y como perdieron el ingreso que obtenían de ella, Elizet y su esposo decidieron sustituirla conmigo. Para lograrlo, encadenaron una mentira a otra: dijeron que el papá de mi hermana estaba a punto de morir y que su deseo antes de enfermar era que mi hermana viviera con Elizet. "Tu papá aún se puede salvar, si trabajas conmigo y le compramos sus medicinas. Pero si no, tu papá se muere y tu hermana se viene a vivir aquí. Y tú sabes cómo le va a ir", me dijeron. Usaron el miedo a su favor. Y no pude decirle que no.

La primera vez fue horrible. Ella anunció tríos en los periódicos para que entráramos las dos al mismo tiempo y aprendiera viéndola. Afuera estaba su esposo por si intentaba escapar. Después de dos semanas yendo a los hoteles —después de treinta, cuarenta, sesenta clientes— los días perdieron sentido. Ya no importaba. Existía por inercia. Toda mi rutina en la casa continuaba, pero ahora, además, en las noches debía acompañar a Elizet. Dormía únicamente en los trayectos, diez o quince minutos.

Dejé de llorar. Tampoco reía ni soñaba. Incluso comencé a alucinar. Creaba fantasías en el día mientras hacía el aseo. Yo era una princesa, una astronauta, una policía que luchaba contra el crimen. Esas historias nacieron un fin de semana que me encerraron en un cuartito debajo de las escaleras, porque saldrían de vacaciones. No había nada de comer y tampoco podía ir al baño. El cuartito sólo tenía una ventana con barrotes.

Dormí dos días enteros. Cuando desperté ya era domingo. Los escuché llegar, pero no parecían acordarse de mí. Me desesperé. Entré en pánico. Comencé a golpear la puerta y a gritar. Rompí el vidrio de la ventana e intenté salirme por ahí pero no cabía, así que me corté los brazos y las piernas y con mi sangre dibujé en la pared un campo abierto en primavera. Estaba lleno de flores y aparecía un caballero, vestido de armadura negra, que me prometía que algún día sería libre. Me animaba a no rendirme. Cuando soñaba, viajaba con él en su caballo blanco. Íbamos a un castillo de cristal que flotaba encima de la casa de Elizet. Ése era mi refugio en los sueños. Sólo yo podía verlo y visitarlo. Ahí tenía mi propia habitación y un banquete esperándome. Todo ahí era perfecto.

Un día, mi hermana me llamó. De inmediato le pregunté si su papá seguía al borde de la muerte. Ella se quedó en silencio. "¿Sigues ahí?", le pregunté cuando ya habían pasado varios segundos. "Sí", me respondió, "¿pero de qué me hablas? Mi papá está muy bien". Volví a llorar. Las lágrimas habían vuelto. Y también la rabia. Entendí que Elizet me había mentido.

Estaba más determinada que nunca a escapar, pero tenía miedo. Así que esperé el momento en que la rabia volviera para darme energía. Sucedió días después: un hombre quiso obligarme a tener relaciones sexuales sin condón y yo me negué. Me golpeó tan fuerte que, por primera vez, me atreví a pedir ayuda a un recamarero que vio mis rasgos aniñados aporreados y me escondió en una habitación vacía. Cuando Elizet y su esposo se rindieron, Iván, el recamarero, subió por mí y llamó a un taxi. Me dio su sudadera, me quité los tacones y, cuando vi el taxi estacionado afuera, corrí hacia adentro.

Dimos vueltas por la ciudad porque Iván estaba convencido de que nos estaban siguiendo. Cuando amaneció, fuimos a casa de sus padres para que me prestaran zapatos y ropa. Su familia me demostró la solidaridad que nunca tuve y que jamás podré pagar.

A la mañana siguiente, rebotamos de refugio en refugio. En ninguno me aceptaban. En algunos había que pagar para ingresar. En otros sólo aceptaban niños y yo, con 16 años, les parecía muy grande. A punto de rendirme, llegamos a un albergue donde sí me admitían, pero me solicitaban primero levantar una denuncia en la Procuraduría General de Justicia de la Ciudad de México. Fue la primera vez que supe que lo que ellos hicieron conmigo fue un delito. Tenía claro que me estaban lastimando, que me habían mentido, pero Elizet siempre decía que la prostitución era normal, como vender un mueble.

Luego de mi denuncia, los policías planearon detener a Elizet y a su esposo llamando a una de sus líneas telefónicas para solicitar un servicio. Un policía se haría pasar por cliente y entonces se ejecutaría el operativo. Sin embargo, cuando llamaron, descubrieron que todas las líneas estaban canceladas. Así que los detuvieron en su propia casa el 10 de diciembre, diez días después de mi escape.

Llegué a Fundación Camino a Casa el 2 de diciembre. Mi sueño se hizo realidad: yo quería un hogar, un techo y una familia, y las encontré. Germán y Lorena Villar, activistas en la fundación, fueron por mí a la procuraduría. Ambos esperaban encontrar una joven derrotada después de todo lo que había vivido, pero no. Yo estaba muy feliz. Extasiada.

Cuando vi la casa donde viviría, me enamoré. Faltaban muchos muebles y tampoco había cortinas. Era una casa que había estado abandonada mucho tiempo, pero ahora era mi hogar. Al entrar, me convertí en la princesa de ese castillo.

Esa noche, terminada la cena, Germán y Lorena hablaron conmigo en privado. "Esto es Fundación Camino a Casa. Vamos a estar aquí para acompañarte. No estás sola", me dijeron. "Pero yo no tengo a nadie", los interrumpí porque seguía creyendo en lo que Elizet me había dicho mucho tiempo. "No es cierto. A partir de ahora, nos tienes a nosotros", me contestó Germán". Aún recuerdo esas palabras.

Pronto, empecé a llamarlo papá. En su amorosa presencia descansaba mi corazón. Pasamos mucho tiempo juntos, fortaleciendo mi espíritu. Con la certeza de tener alguien que me amaba, terminé la primaria, la secundaria, la preparatoria e inicié la carrera de Comunicación en la Universidad Iberoamericana. Luego formé parte de la Fundación Reintegra.

Un día, Germán murió. Una tragedia. La peor de todas. Volví a sentirme sola y deprimida. La tristeza me volteó los pies y salí de la universidad. Más adelante, gracias al apoyo de la Fundación Reintegra (después del fallecimiento de Germán, quedó en manos de unos americanos), regresé a estudiar Finanzas.

Sigo en eso. Soy buena en la escuela. Me descubrí inteligente y dedicada. Mi sueño es trabajar en la Bolsa de Valores para aprender a invertir, hacer crecer el dinero y financiar muchos proyectos. También quiero trabajar algunos años en el Banco de México para ganar experiencia y luego fundar mi propia empresa de coaching financiero para organizaciones; ayudar al crecimiento de pequeñas y medianas empresas. También me encantaría ser la mamá que no tuve y que sé que puedo ser.

Pero, sobre todo, me encantaría ser ejemplo para que cada vez más niñas vean que sí se puede salir de una situación así y volver a soñar. Sólo necesitamos a alguien que sueñe con nosotras. Alguien que nos diga que el mundo no es un basurero, sino un hermoso castillo de cristal.

Para ver la historia de Mixi, narrada por ella en video, escanea el código QR arriba con la cámara de tu teléfono celular.

Trata infantil

La trata de personas está escondida a plena vista. Cuando trabajábamos en la propuesta para la Ley General de Trata del 2012, nos vimos en la necesidad de estudiar cuidadosamente cada una de las maneras en que este crimen afectaba a nuestras comunidades. Respecto al contexto del marco legal, en México la "Ley general para prevenir, sancionar y erradicar los delitos en materia de trata de personas y la protección y asistencia de las víctimas de estos delitos" reconoce 11 tipos de explotación. Entre ellos: La condición de siervo o de esclavo, la explotación sexual (lo cual incluye a la pornografía y los matrimonios forzados), la explotación laboral, el trabajo o servicios forzados, la mendicidad forzada, la adopción forzada de menores o su uso en actividades delictivas, el tráfico de órganos y el uso de tejido humano en la experimentación biomédica ilícita.[1] En el ámbito internacional, a pesar de las controversias y los matices que puedan surgir en cada país con motivo de esta clasificación, y tomando en cuenta que corresponde a cada Estado contextualizar y ajustar la persecución del crimen según los paradigmas que se viven y experimentan en su cultura,[2] el Protocolo de Palermo continúa siendo el tratado internacional que funge como referente jurídico fundamental en cuanto a leyes de trata se refiere; y este declara que, como mínimo,

Figura 2.1

Delitos en Materia de Trata de Personas

I. La esclavitud

II. La condición de siervo

III. La prostitución ajena u otras formas de explotación sexual

IV. La explotación laboral

V. El trabajo o servicios forzados

VI. La mendicidad forzada

VII. La utilización de personas menores de dieciocho años en actividades delictivas

VIII. La adopción illegal

IX. El matrimonio forzado o servil

X. Tráfico de órganos, tejidos y células de seres humanos vivos

XI. Experimentación biomédica ilícita en seres humanos

Fuente: Comisión Unidos vs. Trata

deben ser considerados como trata de personas la explotación de la prostitución ajena u otras formas de explotación sexual, los trabajos o servicios forzados, la esclavitud o las prácticas análogas a la esclavitud, la servidumbre o la extracción de órganos.

Lamentablemente, en México, la explotación laboral infantil, la explotación sexual y la servidumbre doméstica (que cae dentro del rango de explotación laboral) continúan siendo una dolorosa realidad cotidiana. En términos estadísticos, el horizonte se vislumbra muy poco prometedor para la infancia en condiciones de trata: La Comisión Nacional de Derechos Humanos estima que 70 mil niños están siendo explotados sexualmente en este país,[3] y la UNODC (Oficina de las Naciones Unidas Contra la Droga y el Delito; por sus signos en inglés), en su diagnóstico sobre la situación de trata en México, estima que al menos 21 mil menores son enganchados por redes de trata año con año.[4]

En relación a la explotación laboral de trabajos no sexuales, los resultados del Módulo de Trabajo Infantil (MTI) del INEGI en 2017 revelan que la cantidad de niños y niñas que trabajan en México es de 2.5 millones; de los cuales 2.2 millones realizan trabajos no permitidos.[5] En abono a lo anterior, y con base en la más reciente Encuesta Nacional de Ocupación y Empleo (ENOE), alrededor de 658 mil menores trabajan en los campos agrícolas del país; de este universo el 66% labora en los campos familiares, quedando así fuera de las mediciones; por lo que restan un total de 223,741 niños y niñas que trabajan actualmente de manera ilícita sólo en la agricultura.⁶

Realizado por el DIF, el "Estudio de niños, niñas y adolescentes trabajadores en 100 ciudades" (que en realidad abarcó 108 ciudades de México) es hasta el momento uno de los trabajos de investigación más completos que se hayan realizado sobre los menores en zonas urbanas que trabajan. En dicho estudio se contaron un total de 114,497 niños, niñas y adolescentes trabajadores de 0 a 17 años en las zonas urbanas del país; de los cuales aproximadamente 9 mil se identificaron en situación de calle.⁷ De esos casi 115 mil menores de edad que trabajan en las ciudades, el MTI documenta que el 42.5% de los niños y niñas —casi la mitad— no reciben ingreso; y el 28.8% —más de una cuarta parte— ganan tan sólo 1 salario mínimo a cambio de toda su jornada.

Por otro lado, la CONAPRED realizó un estudio titulado "Trabajadoras del hogar" en donde concluye que el 36% de las trabajadoras domésticas comenzaron a trabajar como menores de edad con una educación promedio de sexto grado y que el 21% de ellas comenzaron antes de los 15 años, lo cual es un acto ilegal en México.⁸

Estas cifras son devastadoras, y si las tomáramos en cuenta tal como se publican, tendríamos que admitir que más de 1.4 millones de niños en nuestro país viven en situación de trata.

Los modos de enganche son muchos, pero siempre buscan ofrecer promesas que llenan de esperanza, sobre todo en el caso de niñas que han sufrido serias carencias. El trabajo de fichera es uno de los enganches preferidos y mejor velados para involucrar a las jovencitas en la industria del sexo comercial. Sus víctimas principalmente son mujeres muy jóvenes, a quienes ofrecen un sueldo alto y codiciable a cambio de instigar a los hombres a consumir más alcohol en los clubes nocturnos, cabarés o table dance. Se les exige que se vistan de maneras provocativas para entretener a los clientes consumiendo cuantos tragos les sean posibles; claro, todos pagados por él. En pocas horas, ella está alcoholizada y es sujeto a todo tipo de acosos y abusos. La mayoría de los establecimientos de este tipo en las ciudades fronterizas, tales como Tijuana, tienen hoteles en los pisos superiores en donde se espera que las mujeres se prostituyan para generar aún más ganancias para el club.

El trabajo está permeado de manipulaciones sutiles y promesas engañosas cuya finalidad es exponer a las mujeres a la explotación sexual y a las adicciones. Es uno de esos empleos en los que las mujeres consienten sin realmente saber a lo que se están metiendo. Aunque sí generan un ingreso, las altas cuotas que tienen que pagar por lo general las dejan explotadas y muy pronto adictas al alcohol y en ocasiones también a otras drogas. Aquellos que en verdad se quedan con el dinero son invariablemente los dueños de los clubes; pues la realidad es que, si quieres ganar dinero como fichera, debes estar dispuesta a alcoholizarte; a ser manoseada, pellizcada, nalgueada, chupada y escupida, y a tener relaciones sexuales con clientes violentos y borrachos.

Esta es una forma de trata de personas por explotación sexual, pero las mujeres rara vez se identifican como víctimas, ya que en la mayoría de los casos consintieron a aceptar el "trabajo". La Ley General de Trata del 2012 protege a las mujeres de esta situación asegurando que el consentimiento no sea condición para la identificación del delito.

Tal fue el caso de Mixi que acabamos de conocer. Su historia es un recuento de múltiples tipos de explotación envueltos en una vida hermosa. Experimentarlo a través de sus ojos simplemente no se puede ignorar. Así como su vida cambió, la nuestra también puede cambiar.

Referencias citadas

1. Diario Oficial de la Federación, "Ley general para prevenir, sancionar y erradicar los delitos en materia de trata de personas y para la protección y asistencia a las víctimas de estos delitos", 14 de junio de 2012. http://www.diputados.gob.mx/LeyesBiblio/ref/lgpsedmtp.htm (Consultado el 12-sep-2019)
2. Organización de las Naciones Unidas, "Protocol to Prevent, Suppress and Punish Trafficking in Persons, especially Women and Children" (Diciembre, 2008) https://treaties.un.org/pages/viewdetails.

aspx?src=ind&mtdsg_no=xviii-12-a&chapter=18&lang=en (Consultado el 12-sep-2019)
3. Comisión Nacional de Derechos Humanos, "Diagnóstico sobre la situación de la trata de personas en México, CNDH, México, Distrito Federal", 2013. http://200.33.14.34:1033/archivos/pdfs/diagnosticoTrataPersonas.pdf (Consultado el 12-sep-2019)
4. Oficina de las Naciones Unidas Contra la Droga y el Delito UNODC, "Diagnóstico nacional sobre la situación de la trata de personas en México, Oficina de Enlace y Partenariado de UNODC en México", 2014. https://www.unodc.org/documents/mexicoandcentralamerica/Diagnostico_trata_de_personas.pdf (Consultado el 12-sep-2019)
5. Instituto Nacional de Estadística Geografía e Informática INEGI, Módulo de Trabajo Infantil (MTI) 2015. Indicadores Básicos y Tabulados. http://cuentame.inegi.org.mx/poblacion/ninos.aspx?tema=P (Consultado el 12-sep-2019)
6. Secretaría de Desarrollo Social, Encuesta Nacional de Jornaleros 2009, Módulo de consulta de resultados, Recuperado de: http://www.cipet.gob.mx/Jornaleros/
7. UNICEF, DIF Nacional, "Estudio de 100 ciudades." 2003, México. Recuperado de: http://www.laisumedu.org/DESIN_Ibarra/salon/si2/ti-06.pdf.
8. Consejo Nacional para Prevenir la Discriminación CONAPRED, "Trabajadoras del Hogar Ficha temática." 2017. Recuperado de: https://www.conapred.org.mx/userfiles/files/Ficha%20TH(1).pdf

III. Educación. Neli.

¿Escuchas eso? Es Neli llorando.
Neli solloza cuando habla de la casa donde pasó su niñez. Se le quiebra la voz cuando describe el único cuarto de paredes de madera y techo de palma en el que vivía. No había puerta, y para evitar que los animales salvajes entraran por las noches, había que tapar el hueco con un tambo grande. Durante cientos de noches durmió con el miedo enredado en sus pies de que un animal la atacara. En los años siguientes tendrá ese mismo miedo, pero con un tipo distinto de animales. Ya habrá tiempo de que leas más sobre ese miedo, por ahora lo que tienes que saber es que hablar de esa casa es, al mismo tiempo, hablar de pobreza y de violencia. De un dolor profundo que, aunque superado, siempre remueve el alma.

Y que es el origen del llanto de Neli.

***

Crecí en Tres Valles, Veracruz, muy cerca de la frontera con Oaxaca. Una región donde el calor pega tan fuerte como las carencias. En mi calle, como en casi todas, no había luz, agua potable ni ningún servicio. Mi papá era un campesino dedicado a cortar caña y sembrar maíz frente a la casa. Como bien supones, siempre faltaba dinero.

Para ir a la escuela tenía que caminar treinta minutos debajo de un sol abrasador o de una lluvia incontenible. Al llegar a la parada del camión, comenzaba otra cuenta de media hora en autobús hasta la escuela. Ahí, siempre me discriminaron por ser morena y por no tener dinero. Nadie era rico, pero yo era pobre entre las pobres. Recuerdo que llevaba los zapatos rotos, la ropa vieja, y los demás niños me lo hacían notar todas las mañanas.

Un amigo de mi papá trabajaba en un rancho verde de donde parecía que brotaba dinero. Cada fin de semana, cuando llegaba al rancho la fruta para el ganado, el amigo de mi papá nos apartaba un poco a escondidas de sus patrones, pues sabía que no teníamos dinero para comer bien. Sólo esos días, nosotros disfrutábamos uno de esos pocos lujos que conocíamos: devorar la fruta de los animales.

***

Antes de continuar esta historia es importante que sepas que el padre de Neli era alcohólico. Puede parecerte un detalle menor, comparado con todas las tragedias de esta historia, pero este dato aparentemente inofensivo se convertirá en algo decisivo para ella. Además, era violento. En varias ocasiones, Neli fue testigo de cómo golpeaba a su madre. Se acuerda en especial de una vez que él le arrojó una garra-

III. EDUCACIÓN. NELI.

fa con cinco litros de leche a la cabeza, un golpe que pudo matarla y que él hizo sin culpa alguna.

Sin embargo, Neli también piensa en él con gratitud. Pese a la pobreza en la que vivían, él insistió en que estudiara. Se preocupó por levantarla todos los días a las cuatro de la mañana para que asistiera a la primaria. Después la inscribió a la "mejor" secundaria pública cercana. Comparado con otras que sólo impartían clases los sábados, el horario de esta era de lunes a viernes. Luego, la apoyó para que estudiara el bachillerato.

Cuando faltaba un mes para que Neli se graduara de la preparatoria, falleció. Para ella, la muerte de su padre fue el hecho que marcó el inicio de su historia como víctima de trata. La pérdida de su padre, la separación de la familia, el abandono de sus otros parientes y la soledad la llevaron a creer en las promesas de amor de un tratante, que llenó el vacío que dejó esa figura paterna.

* * *

Mi papá murió cuando yo tenía 18 años, a un mes para que terminara la preparatoria. "Tú tienes que estudiar porque la mejor herencia que te puedo dar es el estudio", me dijo. Por eso me esforcé y salí de mi pueblo. Empecé a estudiar turismo en otra localidad cercana que sí tenía universidad. Para mantenerme, trabajaba en una tienda de zapatos, pero me pagaban muy poco. Sobrevivía tomando café y comiendo pan.

Te pido que imagines la muerte de mi papá como una explosión que me aventó lejos de mi burbuja de protección. O como un estallido que me acercó a los peores años de mi vida, porque mi mamá y mi hermano se fueron a vivir con mis abuelos maternos y yo me fui con una tía. Meses más tarde, preferí vivir cerca de la universidad y renté un pequeño departamento con una compañera de clases. Un sábado, a la hora del descanso en un trabajo precario que conseguí, fui a un parque a tomar mis alimentos. Se me acercó un hombre que se presentó como Alex Guzmán Herrera, de 25 años, originario de Querétaro. Me dijo que había vivido en Nueva York, donde se había dedicado un tiempo a la construcción de casas y que ahora vivía en Puebla. Cuando ya debía volver al trabajo, me preguntó mi número de celular y se lo di. Ese mismo día me llamó.

Era un caballero. Un experimentado coqueteador. Me mandaba mensajes todos los días y después de dos semanas me pidió que fuera su novia. No acepté porque llevaba muy poco tiempo de conocerlo, pero él insistió hasta convencerme. Acepté con la condición de que le pidiera permiso a mi tía, así que un fin de semana nos vimos en casa de la hermana de mi papá. Ella lo aceptó porque parecía una persona responsable y porque dijo que vivía de rentar siete departamentos suyos y que su plan era conseguir más. A ti también te hubiera agradado: era un partidazo.

Luego de esa cita, él y yo platicamos solos afuera de la casa de mi tía. Me propuso que me casara con él porque yo era muy madura y él necesitaba una esposa. Me negué porque mi prioridad era concluir mis estudios. Su terquedad me agotó y terminé nuestra relación.

Pero era un cazador experto. Sabía cómo y cuándo volver al ataque. Volvimos a hablar pronto. Me visitaba y salíamos a comer, como una pareja normal. Intenté terminar de nuevo la relación porque me sentía muy saturada por la escuela y el trabajo. Cuando se lo dije, me lastimó esa lengua afilada que tenía: me dijo que me quedara con mis estudios, pero que eso no me daría amor ni felicidad.

A los pocos días, ejecutó, de nuevo, ese ritmo perfecto de ausencias y regresos. Nos citamos una última vez en Córdoba, Veracruz. Él me habló casi llorando. "Flaca, estás muy bonita y te quiero mucho. Voy a tener que regresarme a Nueva York y casarme con una mujer más grande porque las chavas de mi edad no me toman en serio", recuerdo que me dijo. Yo creía que era sincero y lloré con él. Hizo un último intento y me dijo que si, en ese momento, aceptaba vivir con él en Puebla, nada me faltaría, incluido el estudio y la ayuda económica para mi familia. En el fondo, yo sabía que era una locura decir que sí, que lo conocía apenas hacía dos meses, que no era sensato... pero también sabía que había comenzado a quererlo. Acepté.

Sé que te cuesta trabajo entenderme. A mí también me cuesta entender lo que hice. Pero ya no hay forma de volver atrás: caminamos a su auto y me dio una carta donde me decía que yo era la mujer que había traído amor y alegría a su vida. La carta también te hubiera enamorado. Estaba llena de lugares comunes, frases cursis y empalagosas, pero efectivas. Recorrimos la carretera de Córdoba a Puebla mientras platicábamos acerca de todo lo que queríamos lograr juntos.

Llegamos a Puebla de noche. Cenamos en una plaza comercial que se llamaba Plaza Dorada; me compró unos huaraches blancos y me cantó al oído los versos que entonaba un grupo cubano. Al final del día, me llevó a la supuesta bodega de su jefe, un arquitecto, y allí nos instalamos.

Al día siguiente me la pasé limpiando la bodega, que, en realidad, era un cuarto sucio. Encontré ropa interior de mujer, blusas, pantalones, dinero escondido en sobres, chips de celular, credenciales de elector y una carta de un hombre para su hijo. Le pregunté por todas esas cosas y él, tranquilo, me contestó que durante años se había dedicado a pasar gente a Estados Unidos y que los migrantes le habían dejado las cosas que no podían pasar. Sonaba creíble. Me pareció razonable.

Debes saber que Alex era muy bueno conmigo. Me compraba regalos, comíamos en restaurantes y paseábamos por el centro de Puebla y Cholula. Me abrió un mundo desconocido. A los 15 días de nuestra llegada, empezó a hacerme preguntas extrañas, preguntándome si bajo alguna circunstancia lo dejaría, a lo que yo siempre contestaba que nunca, porque era mi marido y lo quería mucho.

A veces, me platicaba que la esposa de un amigo suyo se dedicaba al "sexoservicio" y que, si yo que-

III. EDUCACIÓN. NELI.

ría trabajar, ella podía enseñarme. Me espantaba cuando me decía eso, así que yo cambiaba de tema y todo volvía a su cauce feliz. Pero un día llegó ebrio y comenzó a insultarme. Me dijo que no valía nada como mujer y que, si en verdad lo quería, iba a trabajar y a ayudarlo. Me juró que tenía un problema económico y necesitaba dinero o los prestamistas lo matarían. Enmudecí y me engañé atribuyendo su maltrato al alcohol.

Días más tarde, en un restaurante, me dio un ultimátum. Me dijo que si no trabajaba como "prostituta" me dejaría, porque la mujer que quiere a su marido da la vida por él. La única forma para seguir juntos era que yo aceptara que él ofreciera mi cuerpo a extraños. Él sabía que la comunicación entre mi familia y yo era mala, así que siempre me manipulaba diciéndome si lo dejaba, lo único que me quedaría sería una casa donde nadie me amaba.

No pretendo que me entiendas, pero te cuento esto porque tal vez puedas ponerte en mis zapatos: sentí que no tenía más opción que permanecer a su lado. Acepté con el corazón roto y con la cabeza inundada en miedos, porque recordaba que Alex conoció a mi mamá y a mi hermano durante una reunión por el aniversario luctuoso de mi papá. Incluso, visitó la casita donde yo crecí. Por eso no me atreví a escapar, porque él sabía dónde encontrar a mi familia y podía hacerles daño.

Días más tarde de sus amenazas, me llevó a la central de autobuses de Puebla con Lucero, la supuesta esposa de su amigo. No viajó conmigo a la

Ciudad de México, sino que me dejó con ella. En el autobús Lucero me explicó cómo tenía que trabajar y cuánto debía cobrar, aunque Alex ya me había dicho todo sobre ese trabajo. Ambos me indicaron que debía cambiarme el nombre, usar uno "artístico". Elegí llamarme "Nayeli".

    Llegamos a la terminal de autobuses del poniente y tomamos el metro. Supongo que en otras circunstancias me hubiera maravillado con un tren subterráneo, pero mi cabeza estaba en otro lugar. Apenas recuerdo que bajamos en la estación La Merced, en lo profundo del viejo corredor de prostitución del centro de la Ciudad de México. Primero fuimos al Hotel Necaxa, nos bañamos y nos arreglamos. Después, Lucero me llevó al Hotel Las Cruces. Ahí no creían que tenía 19 años, y no me aceptaron porque decían que era menor de edad. Así que Lucero se puso de acuerdo con otra mujer y entre ambas consiguieron que me quedara en el callejón de Santo Tomás. Carolina me informó todo: cuánto debía cobrar por el "servicio" del cuarto, dónde debía pararme, qué contestar a cada pregunta y cómo hacer dinero en poco tiempo.

    Cuando entré con el primer cliente, se me salieron las lágrimas. No lo podía creer. Sentía que cada embestida me robaba la dignidad. Volví a llorar con el segundo cliente. Luego me controlé y me hice la fuerte para que no me regañaran.

    La Merced es un lugar horrible. Los clientes son de todo tipo, hasta estudiantes y extranjeros. Algunos iban muy sucios, otros eran violentos. En el ca-

III. EDUCACIÓN. NELI.

llejón éramos alrededor de cincuenta mujeres y yo diría que un 90% parecían víctimas, ya fuera porque eran demasiado jóvenes o porque yo podía escuchar cómo hablaban con sus padrotes. Se veían muy tristes. También vi cómo algunas se volvían victimarias, y enseñaban y vigilaban a las nuevas víctimas.

Cuando empecé a menstruar, pedí descanso a las madrotas del callejón, pero me negaron el permiso. Me gusta contar este detalle a quien lee mi historia, porque así se dan cuenta del maltrato al que nos sometían: en lugar de darte una pausa, las tratantes te extendían una esponja con alcohol que debías meterte en la vagina para, supuestamente, cortar el sangrado. Así supe que descansar es un privilegio de las personas libres, y yo no lo era.

En el callejón, las mujeres dábamos vueltas en círculo para que los hombres nos vieran y eligieran con quién pasar. Revisábamos a los clientes para asegurarnos que no llevaran pistolas ni cuchillos y que apagaran su teléfono. Nos cobraban los condones que son regalados en el Instituto Mexicano del Seguro Social. En las noches, los padrotes y madrotas arrojaban un líquido pestilente a la calle, según ellos para atraer a los clientes.

El servicio duraba máximo 10 minutos en unos cuartos que en vez de puertas tenían cortinas; adentro había una cama de concreto con una colchoneta encima y un espejo enfrente. Una miseria parecida a la de mi infancia. ¿Te acuerdas que te conté que dormía con miedo porque no había puerta y temía a los animales salvajes?

En esa casa, esos animales se llamaban "clientes".

***

El 24 de julio de 2010, la Procuraduría General de Justicia realizó un operativo en La Merced. Fue uno de los primeros en la ciudad. Todo fue muy rápido: un momento estás dentro de un cuartucho siendo violada, como muchos otros días, y al momento siguiente estás en la calle viendo a policías y autoridades entrar al callejón de Santo Tomás. Todas las mujeres fuimos llevadas ante un ministerio público a declarar, mientras se determinaba quiénes éramos víctimas y quiénes eran madrotas. Cuando me interrogaron, yo no dije la verdad. Fui una fiel soldada de mi victimario. Dije que estaba en La Merced porque quería, que nadie me obligaba, que no conocía a nadie, que me gustaba, que tenía que mantener a mi familia y juntar dinero para terminar una carrera. Casi recité de memoria lo que Alex me había enseñado a decir en caso de un operativo.

Los responsables del cateo no me creyeron y tampoco estaban seguros de que fuera mayor de edad, así que decidieron enviarme a la Fundación Camino a Casa.

Aún lo recuerdo vívidamente y con sentimientos mezclados: se abrió la puerta del refugio y detrás de ella estaba una chica que después se convertiría en mi mejor amiga. Sin conocerme me abrazó, me anunció que mi infierno se había congelado y que mi integridad física y mental jamás volvería a depender de que un hombre rentara mi cuerpo.

III. EDUCACIÓN. NELI.

Créeme cuando te digo que allí cambió todo. Con una puerta. Como la que nunca tuve de niña.

***

Entender la historia de Neli es clave para entender un punto estratégico de las bandas de trata de personas. Como ella, muchas víctimas de trata no se asumen como tal en el momento de su rescate. La mayoría han sido aleccionadas para negar que son explotadas y algunas repiten las palabras exactas dictadas por sus tratantes por temor a que cumplan las amenazas de muerte contra ellas o sus familias. Muchas ni siquiera conocen el delito de trata, por lo que no creen que lo que están viviendo constituya un crimen o una forma de violencia.

Otras son engañadas en lo más íntimo de su corazón e intentan proteger a sus tratantes a toda costa. Neli creía estar enamorada. Pensaba que sus actos eran por amor a un hombre que necesitaba su ayuda. Cuando las autoridades le demostraron que Alex la había engañado usando un nombre falso y que no era la única, sino que explotaba a otras jóvenes, Neli comprendió que desde un inicio esa historia de amor había sido en realidad la historia de un delito.

Un delito que atrapa a 341 mil personas en México, según las cifras de la Fundación Walk Free. Que existe en toda la nación, pero con mayor profundidad en 21 entidades. Que es controlada por 47 grupos de la delincuencia organizada, desde familias enteras hasta cárteles de la droga. Un delito que depende del sufrimiento para existir.

Si guardamos un minuto de silencio por cada víctima, este país pasaría 236 días en silencio.

***

A los quince días de estar en Fundación Camino a Casa, me citó un comandante de la procuraduría. "Tú sí tienes padrote. Lucero trabaja para él", me dijo con una convicción de acero. Estaba sorprendida porque se suponía que Lucero era la esposa de ese amigo que nunca aparecía. Ahí me di cuenta de que Alex no me quería, que sólo le importaba el dinero que le entregaba. Una digna rabia se enraizó en mí y decidí denunciarlo y cooperar en todo lo que me pidieran las autoridades para detenerlo. Entonces dije la verdad.

La policía y yo le tendimos una trampa en Circunvalación, la amplia calle que conecta a los callejones de trata de personas en La Merced. Ahí, me reuniría con Carolina y le pediría la ubicación de Alex para llevarle dinero. Pero Carolina no llegó, sino otra mujer, Mary. Ella llegó con un teléfono y una llamada para mí. "Vete a Puebla ahora mismo y cuando compres el boleto, te cambias de nombre", me soltó Carolina.

Los agentes que me cuidaban detuvieron a Mary y se la llevaron a declarar a la procuraduría local. Resultó ser otra víctima de Alex. Gracias a su ayuda, montamos una segunda trampa y Mary guio a los policías hasta la casa en Puebla donde Alex vivía como rey a costa de nuestro sufrimiento. Su celular fue la prueba más contundente: había cientos de fotografías de menores, como yo, mujeres puestas en catálogos como si fueran objetos, y una enorme cantidad de mensajes incriminatorios. Uno lo recuerdo bien: Alex, mi esposo tratante, le repetía los mismos halagos que me hizo a una niña de 14 años, Marlene, su próxima víctima.

Más tarde supe que el verdadero nombre de Alex Guzmán Herrera era Arturo Galindo Martínez. No tenía 25 años, sino 34. No era originario de Querétaro, sino de San Pablo del Monte, Tlaxcala, un pueblo donde nacen tantos tratantes como pasto a la orilla de la carretera.

En un inicio, en abril de 2016, tanto Arturo Galindo Martínez como Lucero fueron sentenciados a 13 años y nueve meses de prisión cada uno. Llegado el momento, a Lucero también se le consideró como una víctima; por lo que en marzo de 2019 salió libre y su condena se la sumaron a la de Arturo, quedándole un total de 27 años y 6 meses de prisión por cumplir.

**

Han pasado más de ocho años desde que Neli fue rescatada. En su proceso de reintegración han participado distintas organizaciones como Fundación Camino a Casa, Reintegra y Unidos Vs. Trata. Ella es parte de la primera generación de supervivientes atendidas con un modelo a largo plazo, financiado por sociedad civil en México y enfocado a encaminarla hacia la escuela.

Por tres años trabajó en la incubadora de negocios Emprendium, dirigida por el empresario René Villar. Allí le llamó la atención el giro gastronómico. Neli recordaba las carencias de su comunidad natal en Veracruz y pensó que la comida podría ser una vía de escape. Un restaurante aprovecharía las habilidades de sus vecinas y detonaría empleos e ingresos. La trata de personas, pensó, se erradica devorando la pobreza.

En el verano de 2016, Neli se graduó de la Licenciatura en Administración de Negocios en la Universidad La Salle con un promedio destacable. Los conocimientos obtenidos en el aula, junto con los adquiridos en su experiencia laboral —Neli ha trabajado en otras incubadoras de negocios como agencias de viajes y en empresas de telecomunicaciones— le permitieron abrir su primer restaurante en la Ciudad de México en el primer semestre de 2017, junto a un antiguo amigo de su comunidad de origen y con apoyo de programas de la Secretaría de Trabajo.

***

Para sanar, Neli ha tenido que pensar cómo contar su propia historia. Cuando la cuenta, aunque le cuesta algunas lágrimas, se reconcilia con su pasado, se apropia de su presente y ejerce su libertad

III. EDUCACIÓN. NELI.

para impedir que otros le marquen un destino.

Actualmente, Neli estudia su maestría en administración de empresas en una prestigiosa universidad; e incluso se da tiempo para atender su canal de YouTube, "Cocina con Neli", donde cada semana comparte recetas de su amada Veracruz. Como si esto fuera poco, no sólo es emprendedora, Neli también es activista. Con el apoyo de @SinTrata, una organización de jóvenes para jóvenes cuya misión es prevenir sobre la trata de personas, visitó la Universidad Tecnológica del Centro de Veracruz. Con su testimonio advirtió sobre las formas en que operan los criminales en la región. Su esperanza es que esta información pueda contribuir en el corto plazo a evitar que el número de víctimas siga creciendo.

Mientras, continúa en sus estudios de inglés que comenzó gracias a una beca otorgada por el exembajador del Reino Unido, Duncan Taylor, y persiste en cada día seguir esforzándose por cumplir sus sueños a largo plazo.

Neli se entusiasma cuando habla del próximo restaurante que pronto abrirá. Esta vez sí habrá una hermosa puerta, como la que no tuvo cuando era niña, y por ella cruzarán cientos de comensales que la felicitarán por su trabajo.

Hablar de ese restaurante es hablar de fuerza, de supervivencia, de amor al prójimo y una felicidad profunda que le remueve el alma.

¿Escuchas eso? Es Neli llorando... de felicidad.

Escanea el código QR con la cámara de tu teléfono celular para ver una entrevista con Neli en video.

III. EDUCACIÓN. NELI.

Vulnerabilidad escondida

Uno de los aspectos fundamentales que deben ser aprendidos y comprendidos cuando se trabaja con víctimas de trata es que rara vez su experiencia comienza al momento de la explotación. Detrás de cada caso hay casi siempre una historia previa; la cual es generalmente una de vulnerabilidad, el estado personal que acompaña a la tragedia de ser engañada, usada, vendida y destruida.

México es un país que, por desgracia, cuenta con las características idóneas para dotar al delito de la trata con nuevas víctimas. El *Global Slavery Index,* o Índice Global de Esclavitud, publicado por Walk Free Foundation en 2018,[1] informa que el 57% de la población de México es vulnerable a caer víctima de trata. El diagnóstico sobre dicho delito en México publicado por la UNODC en 2014 afirma que la pobreza, los bajos niveles de educación, la falta de oportunidades, la discriminación, y la marginalización son indicadores comunes de vulnerabilidad en el país.[2] Pero lo que resulta aún más preocupante sobre este escenario es que son particularmente las mujeres, las niñas y los niños los grupos sociales en mayor situación de riesgo.

Cuando hablamos de pobreza, en México, los números oficiales más recientes arrojados por el Consejo Nacional de Evaluación de Política de Desarrollo Social, CONEVAL, nos muestran que el

42% de la población vive en estas condiciones. El 7.4% de los mexicanos actualmente sobrevive en situación de pobreza extrema; aunque siendo menor de 18 años, las probabilidades de pertenecer a este grupo aumentan al 51.1%; mientras que, siendo mujer en zona rural, éstas son del 85.1%.[3] Lo anterior se relaciona con la carencia de empleos para egresados de instituciones de educación superior y esto, a su vez, se relaciona con los altos niveles de deserción escolar; así como con la falta de acceso de varios sectores al derecho de recibir una educación gratuita y de calidad. El estudio "Panorama de la educación 2017", realizado por la Organización de Cooperación y Desarrollo Económico, OCDE, reporta que el 53% de la población mexicana entre 25-34 años no cuenta con estudios de bachillerato y solamente el 17% logra tener algo de estudios universitarios.[4] La falta de oportunidades se visibiliza en este sentido en el hecho de que, según el Instituto Mexicano de la Juventud, de aquellos que sí logran terminar estudios superiores técnicos o profesionales, solamente el 30.7% consigue un empleo.[5] En el caso de las poblaciones indígenas y con discapacidad, la discriminación y marginalización se da de forma aún más encarnizada. El Consejo Nacional para Prevenir la Discriminación, CONAPRED, sitúa en 40.3% al número de personas pertenecientes a alguna etnia indígena que manifiestan haber sido víctimas de discriminación. En el caso de las personas con alguna discapacidad, el porcentaje aumenta hasta el 71.9%.[6] Estos dos datos nos ayudan a esclarecer el alto grado de vulnerabilidad en que se encuentran estas poblaciones ante una red criminal como es la trata de personas.

Lamentablemente, según "El Diagnóstico Nacional sobre la Situación de Trata de Personas en México", la vulnerabilidad más considerable continúa siendo la de ser mujer. El 70% de las víctimas de trata de personas alrededor del mundo son mujeres y niñas[7]; en 60% de estos casos, la finalidad es explotarlas sexualmente. El análisis de sentencias de trata realizado por Comisión Unidos vs. Trata A.C. arroja que un 21% de víctimas son esclavizadas o vendidas por sus propias familias.

Los tratantes de personas son profesionales en identificar las vulnerabilidades, carencias y deseos más profundos de sus presas. Han sido entrenados para saber qué preguntas claves realizar con el propósito calculado de que la víctima confiese las añoranzas más profundas de su corazón, para después aprovecharse de ellas.

Oscar Montiel, en su tesis titulada "Trata de personas: padrotes, iniciación y modus operandi", resalta los usos y costumbres adoptados por las familias de ciertos municipios en Tlaxcala que dedican sus vidas al proxenetismo de manera generacional. Montiel descubrió que el modus operandi más usado es aquel del enamoramiento. Los tratantes son expertos de la manipulación y del análisis psicológico. Son capaces de identificar rápidamente el medio de entrada a la vida de la víctima: a través de seleccionar el punto más débil de su presa; o sea, la necesidad más evidente de la persona que intentan seducir. Desde pequeños, los jóvenes son entrenados en este sutil arte, el arte de la labia. Una vez encontrada una posible víctima, todos los esfuerzos del victimario se concentran en la conversación, en asegurarse de conectar con una emoción carente. Esta situación, que se banaliza al ser aceptada como una manera de fomentar la economía de las familias y del Estado de Tlaxcala, continúa siendo un negocio extremadamente redituable debido a la gran demanda ininterrumpida de "clientes", siempre dispuestos y listos para pagar.[8]

Como sociedad, resulta más sencillo creer que han sido ellas, las mujeres engañadas, quienes han consentido en irse con el tratante por propia voluntad. Esto se debe a una incomprensión del deseo innato que existe dentro de cada ser humano por mejorar, por ir por más, por no quedarse atorado, sino al contrario: crecer, aprovechar oportunidades y vivir una vida mejor. Los tratantes conocen y aprovechan sobradamente este hecho, inherente a todos y a todas. Debiéramos tener sobre de él, por tanto, mayor consciencia. Es necesario mencionar que, aunque los indicadores muestren una vulnerabilidad mayor en ciertos grupos sociales que en otros, en realidad, nadie está exento de ser engañado y manipulado por uno de estos expertos.

Referencias citadas

1. Walk Free Foundation, Índice Global de Esclavitud, Rango de Índice de Prevalencia, 2018. https://www.globalslaveryindex.org/2018/data/country-data/mexico/ (Consultado el 12-sept-2019).
2. Oficina de las Naciones Unidas Contra la Droga y el Delito. "Diagnóstico Nacional sobre la situación de trata de personas en México". México: Secretaría de Gobernación, 2014. https://www.unodc.org/documents/mexicoandcentralamerica/Diagnostico_trata_de_personas.pdf (Consultado el 4-sept-2019).
3. Consejo Nacional de Evaluación de Política de Desarrollo Social CONEVAL, "Medición de pobreza 2008-2018 de los Estados Unidos Mexicanos", 2018. Recuperado de: https://www.coneval.org.mx/Medicion/PublishingImages/Pobreza_2018/Serie_2008-2018.jpg (Consultado el 4-sept-2019).
4. Instituto Mexicano de la Competitividad IMCO, "Panorama de la Educación 2017 vía OCDE", 2017. https://imco.org.mx/educacion/panorama-la-educacion-2017-via-ocde/. (Consultado el 12-sept-2019).
5. Instituto Mexicano de la Juventud (IMJUVE), Dirección de Investigación y "Estudios sobre Juventud Diagnóstico de la situación de los jóvenes en México", agosto de 2013. https://www.imjuventud.gob.mx/imgs/uploads/Diagnostico_Sobre_Jovenes_En_Mexico.pdf (Consultado el 12-sept-2019).
6. Instituto Nacional de Estadística Geografía e Informática INEGI, "Una de cada 5 personas de 18 años y más declaró haber sido discriminada en el último año: Encuesta Nacional sobre Discriminación (ENADIS) 2017", Comunicado de prensa núm. 346/18, (2018): 1-3. https://www.inegi.org.mx/contenidos/saladeprensa/boletines/2018/EstSociodemo/ENADIS2017_08.pdf

7. Oficina de las Naciones Unidas Contra la Droga y el Delito. "Niños y niñas, casi un tercio de las víctimas de la trata de personas: informe de UNODC", 2016. https://www.unodc.org/colombia/es/press/2016/diciembre/informe-global-trata-de-personas.html (Consultado el 12-sept-2019).
8. Oscar Montiel (2009). "Trata de personas: padrotes, iniciación y modus operandi". Inmujeres. Ciudad de Mexico. Recuperado desde http://cedoc.inmujeres.gob.mx/documentos_download/101080.pdf y citado en la tesis doctoral de Rita Maria Mellado Prince Contreras. "Políticas públicas para desalentar la demanda de explotación sexual, 2018". (Consultado el 12-sept-2019).

IV. Libertad. Zunduri.

Apareció en las primeras planas de los periódicos nacionales e internacionales. En los mejores espacios de radio y televisión. En Twitter, la etiqueta #Zunduri se hizo tendencia la tarde del 28 de abril de 2015 y se mantuvo más de tres horas entre los temas más comentados, junto con el presidente de la República y la estrella internacional del boxeo, Manny Pacquiao. Miles de personas, algunas por primera vez, discutieron en público el fenómeno de la esclavitud moderna en México retomando la sopa de letras que periodistas y editores eligieron para dar a conocer esta historia.

La historia que todos leyeron y escucharon en palabras de otros, hoy es contada en primera persona. Estas son las palabras de Zunduri, como nunca las había pronunciado.

***

Mi historia tendrá un final feliz. Lo prometo. Viajaré a lugares que solo veía en televisión; escucharé mi nombre en los labios de las personas más poderosas del mundo; y hablaré en los foros más relevantes del planeta sobre la trata de personas.

Estaré en un restaurante hermoso, al atardecer, alumbrada por una vela ardiente que gente que me quiere mucho ha colocado frente a mí en un pastel tan hermoso que apenas quiero tocarlo. Del otro lado de los ventanales veré cómo se extiende frente a mis ojos la ciudad de Buenos Aires, Argentina, y sus calles que parecen salidas de una pintura. Estará conmigo mi segunda madre, Rosi Orozco, y un sinfín de aliados me tratarán como si fuera una estrella de cine. Sintiendo como un tango arrulla mi corazón, y que la noche me protege bajo un manto de constelaciones, estaré convencida de que, al festejar mi primer año en libertad, la vida sí es maravillosa.

Pero eso es el futuro. Faltarán muchos años de sufrimiento para llegar a ese día inolvidable. Ahora necesito contar mi historia desde el principio, porque no hay otra manera de hacerlo: empezaré en lo más bajo para culminar en lo más alto.

* * *

Crecí en la Ciudad de México, en las entrañas de una familia violenta compuesta por mi mamá, mi hermana mayor y yo. Somos hijas de distintos padres y mi madre siempre hizo diferencias entre las dos: ella era la bonita, la obediente, la que merecía todo. Y yo era todos los antónimos.

A los ocho años, mi madre me envió a vivir con mi madrina. Me quería tan lejos de ella como fuera posible. La vida, si fuera posible, se hizo más dura.

IV. LIBERTAD, ZUNDURI

Mi madrina siempre se quejaba de mí. "Tú no sirves para nada" era una frase que escuchaba días y noches. En los años siguientes, también me echó de su casa y aterricé en la de mi abuela paterna. Luego, ella también me rechazó y fui enviada a la casa de mi padre. Y de ahí me enviaron a un internado, donde difícilmente terminé la primaria.

Luego recalé en otro internado, ahora en Cuernavaca, donde viví un tormentoso inicio de la educación secundaria: había chicas muy violentas que golpeaban y robaban, incluso acosaban sexualmente a las demás. Los trabajadores del internado estaban rebasados, había demasiadas niñas, y ponerte a salvo era una tarea solitaria. Ahí aprendí que ningún lugar amoroso me daría cabida.

Recuerdo que un día llamé a mi mamá para rogarle que me sacara de ahí, porque ya no podía soportarlo. Para mi sorpresa, lo hizo. Regresé a vivir con ella. Entré a la secundaria cuando el ciclo escolar ya había comenzado y ser la "nueva" me hizo blanco del acoso de mis compañeros. Mi frágil autoestima no lo toleró y empecé a faltar a clases.

"Aquí no vas a estar de princesa", me dijo mi mamá, un día que escapé de la escuela y me descubrieron. "Tienes que buscar un trabajo". Y fue entonces que se torció mi historia.

***

Fui a parar con una tía a Ramos Arizpe, Coahuila. Allá estudié la secundaria abierta, al mismo tiempo que trabajaba en el restaurante de mi tía como mesera. A los 16 años, regresé a la Ciudad de México. Ya habían pasado los exámenes de admisión a la preparatoria, por lo que busqué, de nuevo, un trabajo.

Por esas fechas, me reencontré con Leticia, una persona clave en mi historia. Ella era la madre de una excompañera de la primaria, Jannet. Apenas le reconocí dentro de la pastelería que yo atendía. Ella afiló la mirada y también me reconoció. Anotó su número de teléfono en un papel y me invitó a su casa. La visité y me despertó una inmediata confianza.

Habrá sido su figura maternal que me hizo contarle que la relación con mi mamá iba de mal en peor. Y que tenía un novio, Miguel, con el que me fui a vivir a los 17 años esperando huir de la violencia, pero que me pegaba casi todos los días.

Cuando le conté lo sola que me sentía en el mundo, Leticia ofreció techo y abrigo. "Yo te voy a dar amor de madre, te voy a dar todo lo que te hace falta. ¿Qué más quieres?", me dijo. Y tenía razón: eso era todo lo que yo quería.

***

"Trata de personas, delito que explota a los más vulnerables", tituló la organización internacional Amnistía Internacional para su campaña global del año pasado.[1]

"Niñas y mujeres, las más vulnerables a la trata de personas", cabeceó un blog de la Presidencia de la República, en México, en julio de 2018.[2]

"57% de los mexicanos es vulnerable a la trata de personas", publicó Walk Free Foundation.[3]

***

Cuando Leticia y su esposo llegaron por mí, era una madrugada fría. Acababa de discutir con Miguel y tenía claro que la situación no podía continuar. Yo los llamé y ellos aparecieron como mis salvadores.

La ruptura, aunque razonable, me entristeció hasta empujarme a la depresión. Me pasaba todo el tiempo llorando, preguntándome una y otra vez ¿por qué no funcionó? Descuidé el trabajo en la pastelería, falté muchos días y me despidieron. Leticia no lo toleró. Dijo que no podía pasarme los días sin hacer nada, que debía contribuir con la casa. "Te entiendo perfectamente, sé que te rompieron el corazón, pero necesitamos que desquites al menos el taco que te estás llevando a la boca", me dijo. "Tienes que ayudar con las tareas de la casa".

Al principio eran tareas sencillas. Luego, se acumularon. Meses más tarde se acercaron los 15 años de una de sus hijas y ella necesitaba ayuda con la planchaduría que había montado como negocio familiar. Cuando me puso a cargo del negocio me hizo sentir la persona más grande y responsable.

Había otra chica trabajando en la planchaduría. Yadira, se llamaba. Sin quererlo, comenzó una rivalidad entre las dos. Yo sentía que me odiaba porque Leticia me hizo jefa y yo debía exigirle que cumpliera con las entregas. Al mismo tiempo, Leticia demandaba que no hubiera quejas de los clientes. Pero yo seguía deprimida y la tristeza me distraía todo el tiempo. Yadira se aprovechó de eso para robar dinero y entorpecer mi trabajo. Pronto, las cuentas estaban incompletas y los pedidos de los clientes estaban equivocados.

Una mañana, ante un cliente furioso por una manga quemada, Leticia tuvo que pagar de su bolsillo mi error. Se enojó y me cacheteó. Le grité que ella no tenía derecho a golpearme y respondió con más puñetazos y patadas. Recuerdo que me dijo que tenía que planchar horas extra para pagarle ese dinero, además de todo lo desaparecido de las cuentas. "Serán tres docenas diarias", ordenó.

A partir de entonces, cada vez que necesitaba dinero lo conseguía conmigo. Cualquier excusa hacía crecer mi deuda. Empecé planchando tres docenas, que debían ser entregadas en cuatro o cinco horas. Si no cumplía, debía hacer una docena más. Si entregaba una camisa arrugada, Leticia me exigía planchar otras seis. De tres docenas diarias pasaron a cinco, incluso a ocho. Poco a poco esas ocho fueron diez o quince.

Mi vida convulsionó. Se llenó de trabajo, estrés, miedo, porque el castigo no eran sólo las pilas de ropa, sino también los golpes. Luego perdí el derecho a salir a la calle. No tenía tiempo ni para bañarme. Apestaba. "Me das asco", me dijo un día, "ya no vas a dormir conmigo ni con mis hijas. Vete a la planchaduría". Ahí no había una cama, ni siquiera una cobija o un tapete. No me quedó más remedio que dormir en el piso. Cuando menos me di cuenta, toda mi vida estaba dedicada a Leticia. Ni un instante tenía yo para desenredar mi propio cabello. Pasaron tres años.

* * *

Era diciembre. Mientras planchaba, hallé un billete en una camisa. Escapé a la tienda de la esquina a comprar todas las pequeñas cosas que había extrañado en esos tres años: frituras, galletas, chicles, chocolates... De regreso me esperaba Jannet, mi excompañera de clases. Inmediatamente, subió a la casa a acusarme con su mamá. Ahí nació en mi espalda una cicatriz que aún tengo: el palo de escoba con el que Leticia me azotó.

"¡El dinero lo encontré en una camisa!", les expliqué, creyendo que el castigo pararía. En ese momento, tomó la plancha caliente y la colocó en mi brazo izquierdo. Me pareció eterno el tiempo en que mi piel se quemó. Un dolor indescriptible, un olor nauseabundo. "Esto es para que aprendas que todo en este lugar me pertenece. Me debes más que eso. Así sea un alfiler, cincuenta centavos, lo que sea, me lo tienes que dar porque es para saldar tu deuda", dijo.

El castigo no paró ahí: ahora, había que planchar dos docenas más. Entre castigos absurdos, el total ya era de diecinueve docenas diarias. Pensé que ya no podía permitir que siguiera escalando. Intenté escapar un día que Leticia ni sus hijas estaban en casa. Salí a la calle y tomé un taxi que me llevó a la casa de una amiga, pero quien abrió me dijo que mi amiga ya no vivía ahí porque se había casado. En ese momento caí en la cuenta de que llevaba tres años trabajando como esclava.

Regresé al taxi y me sinceré: conté al conductor que tenía problemas con la señora con la que vivía, que no sabía qué hacer y no tenía a dónde ir. Él me contestó que la única forma en que podía ayudarme era permitiéndome vivir un tiempo con su hermana, que era mamá soltera y vivía en la misma colonia. Y así lo hice.

Trabajé como niñera durante un mes, creyendo que Leticia me daría por desaparecida. Aliviada de no soportar sus tormentos. Yo no lo sabía, pero ese mes en que me escondí, ella diseñó un plan para volver a esclavizarme. Le propuso a Yadira, la otra chica de la planchaduría, testificar en mi contra a cambio de su libertad, es decir, de anular su "deuda". De esta manera, Leticia obtuvo una testigo en mi contra en una denuncia por robo.

Me buscó. Me cazó con ayuda de la policía. Y me encontró caminando por las calles de la colonia. "¡Te denuncié por robo!", me gritó. "Imagínate qué va a pensar tu familia, después de años de no saber nada de ti y enterarse que eres una ratera".

Todo estaba perfectamente coordinado. Detrás de ella, llegó una patrulla. Y con ella un oficial amaestrado. "Quiero ser buena contigo", me siguió hablando. "¿Qué prefieres: la cárcel o mi casa?". Yo, por supuesto, no prefería ninguna. Pero el policía que se bajó del auto aseguró que, si no accedía, esa misma noche estaría en el reclusorio. Yo estaba sola. Aterrada. Sin saber nada de leyes. "Regresa conmigo a trabajar tres meses y al término de ese tiempo, se salda la deuda. Trabajarás de lunes a domingo, ocho docenas diarias, comerás y te bañarás a tus horas. Tu no te metes conmigo y yo no me meto contigo", insistió.

Si tres años se habían ido volando, ¿qué eran tres meses? Accedí.

***

"La escalofriante historia de Zunduri, 'la esclava de la tintorería'", tituló el diario mexicano Vanguardia.[4]

"Las duras confesiones de la esclava de Tlalpan", difundió el sitio web en México de la cadena Publimetro.[5]

"Veía normal que me pegaran, era como un correctivo a una hija", publicó la versión internacional de El País.[6]

***

Durante esos tres meses, Leticia no me golpeó ni me gritó, pero me repetía una y otra vez que yo estaba sola, que no tenía a dónde ir, que la única persona que me apoyaba incondicionalmente era ella. Siempre me recordaba que mi mamá nunca me había buscado porque no le importaba. Incluso me contó que una vez se la había encontrado y que mi mamá le dijo que vivía mejor sin mí. No hacían falta los puñetazos: esas palabras, todo el tiempo, eran una tortura.

Poco antes de que terminara el plazo acordado, Leticia me regaló unas botas. Tenían un recado a mano. "Yo te quiero como si fueras mi hija. Lo mejor que puedes hacer es quedarte conmigo, porque en ningún lugar vas a estar segura". Yo le creí y por eso dejé que pasaran más meses, hasta que cumplí otro año en su casa. Un año perdido entre vapores de plancha y almidón barato.

Quería rehacer mi vida, pero no tenía a quien recurrir, así que me senté a platicar con Leticia y le conté mis planes. Hablé con el corazón, creyendo que si me veía vulnerable me vería como lo que era: una niña que sabía que había más vida allá de la planchaduría y que quería conocerla. Cuando terminé de hablar, se lanzó sobre mí y me dio una tremenda golpiza mientras decía que era una malagradecida. "Ni con tu vida pagarías todo lo que yo he hecho por ti. Óyelo bien: ni con toda tu vida. Así que no me vengas con que te quieres ir. Si sales de esta casa, sales muerta".

De ahí en adelante, el abuso físico se hizo más intenso y las jornadas, interminables. Si no entregaba la ropa planchada a tiempo, me golpeaban, la mayoría de las veces con un bastón. No había tiempo ni para comer. Entre los golpes y la falta de alimento, mi cuerpo se fue haciendo cada vez más débil.

Pasó un año más. En total, ya habían pasado cinco.

* * *

Jannet, incluso embarazada, me golpeaba hasta sacarme sangre. Me abría las uñas de los dedos, me hacía heridas en la cabeza, me partía los labios. Si me atrevía a defenderme, Leticia se me echaba encima y me llamaba inconsciente porque el embarazo de Jannet era de alto riesgo. Ambas me quemaban todas las partes del cuerpo que encontraban sanas. Me golpeaban con lo que tuvieran a la mano: tubos de plomería, utensilios de cocina, bastones, cables de luz, ganchos, escobas, piedras.

Los meses del embarazo de Jannet fueron un infierno. Y se puso peor. Un día antes del baby shower, Leticia y sus hijas limpiaron la casa. Descubrieron que la pared y el techo de la sala estaban salpicadas con mi sangre. Pintaron intentando ocultar que allí era dónde me torturaban.

Esa mañana, de madrugada, Leticia se despertó y me ordenó meterme a bañar. No esperó ni a que me desvistiera para echarme cubetadas y cubetadas de agua fría. Como me quejé, comenzó a pegarme con el bastón. La sangre se mezcló con el agua. Ya no sabía yo ni por dónde sangraba. Leticia me arrancó con sus uñas la costra de una herida profunda que tenía en la cabeza, que incluso olía mal por la acumulación de pus. Me arrodilló y me vació una botella de vinagre en todas las heridas. "Espero que no te queden ganas de quejarte. Que toda la gente que entre hoy aquí no escuche que respiras", dijo.

Cuando me dejó sola en el baño, lo primero que

hice fue mirarme en el espejo. Hacía mucho tiempo que no me veía en uno. No me reconocí. Estaba hinchada. Me faltaban dos dientes y me sobraban hematomas. Estaba deforme.

Me vestí en cinco minutos y bajé a la planchaduría, donde Leticia tenía una sorpresa para mí. Había comprado una cadena. Rodeó mi cuello con ella y me lanzó una mirada altanera. "A los animales como tú, así se les trata. Tú quisiste que esto llegara a este punto".

Durante todo el día, iba y venía del baby shower a la planchaduría. Le supliqué que me quitara la cadena, porque no podía trabajar. Finalmente aceptó para que ya no hubiera "excusas", la retiró de mi cuello y la colocó en mi cintura. El baby shower terminó, las visitas se fueron, pero la cadena se quedó.

A partir de entonces, me volví una mujer pegada a una cadena. Dormía de pie. Soportaba días enteros sin comer, hasta cinco seguidos, e incluso llegué a masticar los plásticos con los que cubría la ropa y a comer crema para el cuerpo. Ellos decidían cuándo podía ir al baño; muchas veces me hice encima y me castigaron a golpes. Todo era motivo para pegarme, tanto que el bastón que usaban para azotarme se rompió. Lo sustituyeron con una llave de plomería y unas pinzas de luz. La última golpiza que recuerdo fue una en la que Leticia me puso la plancha caliente en la cabeza, el cuello y los labios.

Un poco más de tiempo y estaría muerta. Pero un día, tras dejarme ir al baño sin cadena, Leticia no cerró bien el candado. Ella no lo notó, pero yo

IV. LIBERTAD, ZUNDURI

sí. Por tres días fingí estar encadenada, mientras planeaba mi escape. La última noche bajó, como casi todos los días, a supervisar mi trabajo. Comí lo poco que me ofreció y me dormí un rato. Alrededor de las cinco de la mañana me desperté. Me puse una gorra que dejó un cliente, una bufanda que me cubría la cara y una sudadera. Pegué el burro a la pared del baño de la planchaduría y subí hasta colarme por la ventana hasta el patio de la casa. Corrí tanto como pude. Tanto como mis piernas me dejaron. Tanto como anhelaba mi libertad.

En la penumbra vi un taxi. Esta vez, me prometí no volver jamás.

* * *

Le di al taxista la dirección de mi amiga, la mujer que había ayudado en mi primer intento de escape, y me llevó hasta allá. Cuando la vi y le conté mi historia, me aconsejó denunciar. En cuanto amaneció, su yerno me acompañó a varios hospitales, pero en todos nos decían que no podían atenderme si antes no levantaba una denuncia.

Al día siguiente, lo hice en la Procuraduría General del Distrito Federal. Tres días después, el juez dictó la orden de aprehensión y detuvieron a mis victimarios. Acudí a la identificación del lugar de los hechos. Cuando entré a la casa, sentí tristeza. Leticia había intentado borrar la evidencia de mi tortura de las paredes; sin embargo, todavía había rastros. La sangre no se borra tan fácilmente.

Inmediatamente regresé al hospital. La recuperación física no fue fácil. En un inicio, la evaluación de los médicos fue que el estado de mi cuerpo era como el de una anciana de 80 años. El peritaje de los daños físicos registró más de 600 cicatrices. Ahí, al hospital, fue Rosi Orozco a conocerme. Ella me ayudó a que los doctores me atendieran más rápido. Después de los exámenes, los doctores nos explicaron que la situación era complicada, pero que sanaría. A partir de ese momento, Rosi y yo nos hicimos inseparables.

Elegí no ir al refugio. Después de una niñez en internados y cinco años encerrada en casa de Leticia, yo lo que más anhelaba era ser libre. En libertad, logré avanzar tan rápido que a todos les sorprendió mi recuperación. Yo sólo sabía que quería reponer todo el tiempo que me habían robado. Superé la esclavitud con unas enormes ganas de vivir. Quería comerme al mundo de una sola mordida.

***

"Esclavizada en lavandería: 'Quiero comerme el mundo en horas'", tituló el diario peruano El Comercio.[7]

"Zunduri, a nova vida da ex-escrava que comove o Mexico", publicó el periódico brasileño O Globo.[8]

"Un año de libertad: la esclava de la tintorería vuelve a reír'", escribió el portal internacional CNN en Español.[9]

* * *

A veces, no puedo creer cómo cambió mi vida. Pasé del encierro a volar sobre fronteras internacionales. Ese viaje a Argentina, Buenos Aires y Córdoba, en representación de Fundación Camino a Casa, fue el primero que hice fuera del país y pareciera que desde entonces me brotaron alas. Después de Sudamérica, viajé al Vaticano, donde compartí mi testimonio a más de 50 alcaldes del mundo, y visité Miami, Florida, invitada por Telemundo. Me hice vocera, junto con Karla Jacinto, de la campaña de Hoja en Blanco, que busca nuevas oportunidades para las sobrevivientes de trata de personas.

Sé que algunas autoridades criticaron que viajara y compartiera mi experiencia, pero estoy convencida de que, en el fondo, lo que les molesta es que las víctimas reclamemos el mismo sitio que los políticos, los académicos o la gente adinerada. Quieren hacernos sentir que nuestra voz no es igual de válida. No respetan que una víctima sigue siendo una persona, que puede decidir libremente.

Ese mismo año, mis tratantes recibieron sentencia: Leticia, Ivette, Jannet y José de Jesús pagan una condena en la cárcel de 30 años cada uno. Mientras ellos duermen en una celda fría, yo vivo tranquila. Trabajo como conferencista contra la trata de personas y comparto mi testimonio en la obra de teatro "Alas abiertas" de otra superviviente, Karla de la Cuesta. He recibido invaluable ayuda de la asociación civil @SinTrata, encabezada por Mariana

Ruenes, y por parte del empresario Andrés Simg.

Cuando me preguntan qué es de mi vida, me encanta contestarles que ni siquiera la esclavitud encadenó mis sueños a la desesperanza: anhelo terminar mis estudios, tener mi pastelería y construir una familia a la que le pueda enseñar que ningún ser humano debe ser tratado así. Que la libertad es lo más importante que tenemos las personas. Que siempre el amor propio se abre paso a la violencia.

Pero, especialmente, me gusta contarles de aquella tarde en ese hermoso restaurante en Buenos Aires. De aquel tango vibrando en mi cuerpo, mientras descubro que ni tantos años de maltrato me quitaron las ganas de bailar y sentirme viva. La sensación de que amo mi vida, mientras las luces de la ciudad me recuerdan que estoy en un país nuevo para mí. Y ese eterno agradecimiento instalado en mi pecho que me da paz para continuar mi siguiente sueño: pronto tendré una pastelería y hornearé bellos pasteles, como el que tengo enfrente, para momentos tan inolvidables como éste.

El final feliz que merezco.

***

"Encierran 30 años a los que esclavizaron a Zunduri", imprimió el periódico mexicano Excélsior.[10]

"De esclava a estudiante: la nueva vida de Zunduri", transmitió la televisora hispanoamericana Televisa.[11]

"Zunduri, la joven que rompió las cadenas de la

esclavitud en México", publicó el diario panameño La Estrella.[12]

Y un titular que aún no existe, que está aguardando el futuro de Zunduri, en algún periódico nacional o internacional.

"La libertad que Zunduri cocinó a fuego lento: la sobreviviente de trata de personas ahora es una exitosa pastelera".

Escanea el código QR con la cámara de tu teléfono celular para ver un reportaje y entrevista con Zunduri en video.

Esclavitud entre jóvenes

La Ley General de Trata del 2012 define la esclavitud en el Artículo 11 como: "El dominio de una persona sobre otra, dejándola sin capacidad de disponer libremente de su propia persona ni de sus bienes y se ejerciten sobre ella, de hecho, atributos del derecho de propiedad".[13]

Desde entonces, dos casos de esclavitud bajo las estipulaciones del Artículo 11 se han reportado en México. La historia que acabas de leer es lo más cercano a uno de estos casos, una historia que conoció el país y el mundo entero.

Los diagnósticos de trata de personas alrededor del mundo, pero en particular en Europa y las Américas, indican que las poblaciones en mayor riesgo de caer en alguna forma de explotación son niños, niñas y adolescentes en situación de calle; aquellos que se identifican como LGBTQ; aquellos que han sido parte de algún sistema de cuidado institucional como un orfanato o casa hogar y, por encima del resto, aquellos que han escapado de casa debido a sufrir maltratos físicos o psicológicos, abandono, o abuso sexual.[14]

Resulta sumamente preocupante que en México no contemos con suficientes datos sobre jóvenes que huyen de sus casas para escapar del abandono, el maltrato o el abuso. El último conteo se realizó a finales de los años 90 y no vale la pena mencionarlo dada su antigüedad. Sin embargo, para darnos una idea del estado probable de la cuestión, el Instituto de Medicina y el Consejo Nacional de Investigación de los Estados Unidos realizó un estudio en 2013, en el cual documentan que el 20% de los jóvenes en situación de calle han sido víctimas de trata de personas; el 15% de ellos de explotación sexual, el 7.4% de trata laboral y el 3% una combinación de las dos. No obstante, cuando entran en la métrica las y los jóvenes que se identifican como LGBTQ, la cifra alcanza un escandaloso 33.3% de víctimas; lo cual quiere decir que por lo menos uno de cada tres jóvenes en situación de calle perteneciente a su vez a la diversidad sexual ha caído víctima de alguna forma de trata.[15]

Otras investigaciones aún más actuales que pueden servir de referencia son las realizadas en 2017 por las Universidades de Loyola y Pensilvania; en la elaboración de dichas investigaciones se entrevistaron a más de 900 jóvenes que habían huido de sus hogares. Se encontró que el 40.5% de las mujeres, el 25.3% de los varones y el 56% del total de los jóvenes que se identifican como LGBTQ habían sido explotados sexualmente; el 91% recibió ofrecimientos de trabajo engañosos como carnada; de aquellos explotados laboralmente, el 81% participó en trabajos relacionados con el tráfico de drogas. El 95% de las víctimas de trata reporta haber sido maltratado en casa y el 49% haber sufrido abuso sexual.[16]

Mientras como sociedad no estemos dispuestos y comprometidos a hacer un trabajo mucho más eficiente para reducir el número de jóvenes que acaban en las calles, buscando lo que no pudieron encontrar en sus hogares, no será posible reducir los números de trata de personas entre adolescentes, niños y niñas. Nuestra atención no debe desviarse: los niños y niñas son el futuro de nuestros países. ¿Qué clase de sociedad somos y seremos si no los cuidamos hoy? ¿Qué esperanza podríamos tener de alcanzar una sociedad más justa?

Referencias citadas

1. Buada Blondel G., BLOG, "Trata de personas: Delito que explota a los más vulnerables." Amnistía Internacional. (2018) https://www.amnistia.org/ve/blog/2018/07/7220/trata-de-personas-delito-que-explota-a-los-mas-vulnerables
2. Comisión Nacional para Prevenir y Erradicar la Violencia Contra las Mujeres CNPEVCM, BLOG, "Día mundial contra la trata de personas". (2018) https://www.gob.mx/conavim/articulos/dia-mundial-contra-la-trata-de-personas-167781?idiom=es (Consultado el 12-sept-2019)
3. Walk Free Foundation Índice Global de Esclavitud, "Vulnerabilidad en las Américas" (2018). https://www.globalslaveryindex.org/2018/findings/regional-analysis/americas/ (Consultado el 12-sept-2019)
4. El Universal, "La escalofriante historia de Zunduri, 'la esclava de la tintorería'", 2 de diciembre de 2016. https://vanguardia.com.mx/articulo/el-escalofriante-caso-de-zunduri-la-esclava-de-la-tintoreria

5. Publímetro, "Las duras confesiones de la 'esclava' de Tlalpan", 28 de abril de 2015, https://www.publimetro.com.mx/mx/noticias/2015/04/28/las-duras-confesiones-de-la-esclava-de-tlalpan.html
6. Beauregard, Luis P. "Veía normal que me pegaran, era como un correctivo a una hija". El País, 30 de abril de 2015. https://elpais.com/internacional/2015/04/30/actualidad/1430420689_369540.html
7. Redacción EC, "Esclavizada en lavandería: 'Quiero comerme el mundo en horas'". BBC Latinoamérica, 19 de mayo de 2015. https://elcomercio.pe/mundo/latinoamerica/esclavizada-lavanderia-quiero-comerme-mundo-horas-364477
8. Redacción EC, "Zunduri, a nova vida da ex-escrava que comove o México", BBC Brasil, 26 de abril de 2016. http://g1.globo.com/mundo/noticia/2016/04/zunduri-a-nova-vida-da-ex-escrava-que-comove-o-mexico.html
9. Romo, R., "Un año de libertad: la esclava de la tintorería vuelve a reír", CNN, 18 de mayo de 2016. https://cnnespanol.cnn.com/2016/05/18/un-ano-de-libertad-la-esclava-de-la-tintoreria-vuelve-a-reir/
10. Cruz, F., "Sentencian a familia que esclavizó a joven en tintorería en Tlalpan", Excélsior, 2 de diciembre de 2016. https://www.excelsior.com.mx/comunidad/2016/12/02/1131742
11. Noticieros Televisa, "De esclava a estudiante; la nueva vida de Zunduri Ana Laura", Noticieros Televisa, 29 de mayo de 2017. https://noticieros.televisa.com/historia/de-esclava-estudiante-nueva-vida-zunduri-ana-laura/
12. Redacción digital la Estrella, "Zunduri, la joven que rompió las cadenas de la esclavitud en México", La Estrella de Panamá, 30 de abril de 2015. http://laestrella.com.pa/internacional/america/zunduri-joven-rompio-cadenas-esclavitud-mexico/23862238

13. Diario Oficial de la Federación, "Ley general para prevenir, sancionar y erradicar los delitos en materia de trata de personas y para la protección y asistencia a las víctimas de estos delitos", 14 de junio de 2012. Disponible en: http://www.diputados.gob.mx/LeyesBiblio/ref/lgpsedmtp.htm (Consultado el 12-sep-2019)
14. Institute of Medicine (IOC) y National Research Council (NRC), "Sexual Exploitation & Sex Trafficking of Minors", 2013. https://youth.gov/youth-topics/trafficking-of-youth/sexual-exploitation-and-sex-trafficking (Consultado el 12-sep-2019).
15. Institute of Medicine (IOC) y National Research Council (NRC), "Confronting commercial sexual exploitation and sex trafficking of minors in the United States". Washington, DC: The National Academies Press. (2013): 1. http://www.nationalacademies.org/hmd/Reports/2013/Confronting-Commercial-Sexual-Exploitation-and-Sex-Trafficking-of-Minors-in-the-United-States.aspx (Consultado el 12-sep-2019).
16. Covenant House, "Largest-ever research studies find one-fifth of surveyed homeless youth in the United States and Canada are victims of human trafficking". Nueva York, NY. 2017. https://www.covenanthouse.org/charity-blog/blog-news/largest-ever-research-studies-find-one-fifth-surveyed-homeless-youth-united (Consultado el 12-sep-2019).

V. Amor. Camila.

Era una bolsa de plástico. Negra, opaca. Apenas abultada. Coronada por un nudo apretado. Camila la recibió en sus manos, mientras pensaba en qué podría trabajar. Tenía un diploma de carrera técnica en Administración de Turismo, así que en su mente estaba la posibilidad de ser recepcionista de un hotel, como en el que estaba viviendo. Mesera también era una alternativa. Ama de llaves, camarera, lo que fuera, mientras pudiera ayudar a su esposo, quien le había dicho, angustiado, que su hermano tenía una enorme deuda con el banco y que necesitaba con urgencia un préstamo o iría a prisión.

"No te preocupes por mi cuñado", le había dicho Camila a Armando, mientras le calmaba esa falsa ansiedad con una tierna caricia. "Yo te ayudo, para eso estamos. Para apoyarnos entre los dos. Tú dime qué hacer y lo hago".

Sentada en la orilla de la cama, Camila repasaba qué opciones laborales se le podrían abrir a una chica como ella, de 25 años, recién llegada a la capital de Puebla, cuando su esposo le aventó esa bolsa. Apenas pesada, indescifrable hasta que la tuvo en sus manos.

"Sólo dame tu credencial de elector", dijo él con un tono de voz cavernoso, que ella jamás había escuchado. "Te acabo de conseguir trabajo. Ahí tienes tu uniforme".

Entonces, Camila desató el nudo. Abrió la bolsa. Y en el fondo observó una falda roja tableada, tipo colegiala. Cortísima. Y debajo de ese pedazo de tela, otro más, un encaje liviano, suficiente para apenas ser una blusa traslúcida.

"Te vas a trabajar hoy mismo. Te vas de puta".

***

En un principio, Pie de la Cuesta era pura agua. Ubicado en la costa de Guerrero, era una laguna donde sólo había peces y una abundante vegetación tropical. Los manglares brotaban como espuma de olas y los animales reptaban por la arena con la misma naturalidad con la que las palmeras se extendían hasta el cielo y dejaban caer gordos cocos. Un paraíso virgen que esperaba convertirse en el destino turístico por excelencia del país.

A mediados del siglo pasado, esos deseos se materializaron varios kilómetros al sur, en el puerto de Acapulco, con la inauguración de la avenida Costera Miguel Alemán, un paseo turístico que se ramificó hasta atraer hoteles de lujo, restaurantes, discotecas y lujosos departamentos con vistosos balcones. El puerto se volvió pronto el lugar favorito para vacacionar de extranjeros y nacionales por la permisividad con la que las autoridades tra-

V. AMOR. CAMILA.

taban a sus visitantes, cuya derrama de billetes mantenía viva la ciudad.

El jet set del mundo —artistas, cantantes, políticos, estrellas de cine— se rindió ante el sol y la arena de Guerrero, pero también lo hicieron lavadores de dólares, narcotraficantes, pedófilos y proxenetas. Los clientes que demandaban drogas y sexo con vista al mar se instalaban en Acapulco y los criminales rodeaban al puerto desde pueblos como Pie de la Cuesta, mezclados entre honestos trabajadores.

En ese lugar nació Camila, en una de esas colonias donde el piso de tierra abrasa las plantas de los pies de sus habitantes. Hija de una madre violenta y un padre explosivo, se crio tan desprotegida que cuando su mejor amigo la violó, a los 16 años, supo que se había quedado sola en el mundo. Sus padres falsificaron sus documentos personales, la disfrazaron de mayor de edad y la forzaron a casarse con su abusador. Los golpes en la casa familiar la persiguieron hasta su nuevo hogar y no pararon ni cuando se convirtió en mamá.

Harta de los golpes, Camila decidió huir de Pie de la Cuesta. Probaría suerte en el puerto de Acapulco, donde era más fácil conseguir un empleo y empezar de nuevo. Y, por unos meses, el plan funcionó: estudiaba una carrera técnica y trabajaba como ayudante en un restaurante. Hasta que la suerte se desvió de su camino y la llevó a la Costera Miguel Alemán, donde conoció a Armando, quien se presentó como un turista extraviado que buscaba conocer La Quebrada, el mítico lugar donde la hombría se demuestra tirándose de cabeza al mar desde un despeñadero.

Armando fingió necesitar una guía en el puerto y Camila, confiada, le ofreció su ayuda. Ese día, mientras anochecía, ambos caminaron por el malecón. La amabilidad, buen humor e inteligencia que él mostraba atrajeron de inmediato a Camila, quien le dio su número de celular cuando se despidieron. A los pocos días, llegaron los mensajes de Armando, las llamadas, las citas empalagosas, los regalos. A los ocho meses, apareció la propuesta de boda. A los nueve, Armando viajó con sus hermanos a Pie de la Cuesta para formalizar la petición de mano ante la familia de Camila.

Un mes después, ambos se mudaron a Puebla para vivir cerca de la casa de la familia de Armando. Empezarían desde cero, como siempre quiso ella: un cuarto de hotel sería el semillero de los sueños del joven matrimonio.

Los primeros tres meses fueron una luna de miel. Parecía que, por fin, los golpes que perseguían a Camila desde la infancia se habían extinguido. Comían en restaurantes, iban de compras juntos, dormían felices y se despertaban a besos… hasta que un día Armando llegó a casa con el rostro desencajado. Tenía un gesto de exagerada seriedad. Pidió perdón por su tétrico humor, pero su hermano, contó, había recibido un ultimátum: o pagaba sus deudas con las tarjetas de crédito o enfrentaría un largo juicio que lo llevaría hasta una celda.

"Tienes que ayudarme, yo te di una vida de reina y ahora te necesito", suplicó Armando. Y ella, agradecida, se ofreció a hacer todo lo que él pidiera. Todo.

Mientras Camila recorría mentalmente sus posibilidades de empleo en esa ciudad que apenas conocía, Armando aventó una bolsa negra de plástico y mandó a su esposa a que se probara esa ropa tan corta que ni en el verano acapulqueño se usaba.

"Te vas a trabajar hoy mismo. Te vas de puta", le soltó, serio, con gesto de enterrador. "No, claro que no, Armando, ¿estás bromeando? Primero muerta...", respondió ella. "No te lo estoy pidiendo, te lo estoy ordenando. Empiezas ahora mismo".

Camila sintió una punzada. Un revolcón de arena y agua salada en el estómago. Quiso aventarle la ropa, gritar y golpearlo. Pero su cuerpo reaccionó corriendo. Abrió la puerta del hotel, bajó las escaleras a zancadas y se aventó a la calle, entre los autos, para escapar de su esposo. Él, un experto enganchador de mujeres, le dio alcance unos metros más adelante y la arrastró hasta un cuarto dentro de una vecindad, cuya ubicación aún es desconocida para ella.

"Te vas a quedar encerrada hasta que decidas. A ver si es cierto que primero muerta antes que obedecerme", dijo él mientras azotó la puerta del cuarto, haciendo añicos la esperanza de Camila de una vida, por fin, sin violencia.

***

En el cuarto de castigo sólo había un colchón, una cocineta con una hornilla y una bacinica para que Camila hiciera del baño. Nada más. La dieta era estricta: se comía sólo dos veces al día, por la mañana y por la noche, siempre lo mismo, un vaso de jugo y un tlacoyo pequeño.

La dieta sólo variaba cuando entraba Armando acompañado de otros hombres. Entonces, entre varios, apretaban la boca tan fuerte a Camila que sus labios formaban un embudo por el cual la obligaban a beber litros y litros de cerveza. Cuando despertaba, aún mareada por el alcohol, se descubría sola en la habitación, rodeada de botellas rotas, semidesnuda y con ardor en los genitales.

A veces, la rutina era interrumpida por largas sesiones de películas pornográficas que Armando le obligaba a ver y a actuar para "entrenarla". O por furiosas apariciones de él, sumergido en alcohol, tirando puñetazos que le abollaban la nariz, las costillas y los pechos. Pero, sobre todo, el espíritu.

Cada día dentro de ese cuarto Camila podía sentir que se desvanecía. Que dejaba de ser ella. No eran sus huesos los que se quebraban, sino su entereza emocional. Si no salía de ahí, moriría lentamente. Así que una noche, mientras Armando abría la puerta, ella eligió sobrevivir.

"Está bien, haré lo que digas", masculló ella, agotada, rendida por el tormento. Una sonrisa burlona desfiguró el rostro de Armando, quien le aventó, de nuevo, una falda cortísima y una blusa casi transparente. "Ponte esto, empiezas mañana".

Hay dos formas en las que Camila recuerda cuánto tiempo le tomó a Armando quebrar su determinación: una de ellas es contar los meses, tres, encerrada. Otra es contar las tallas de su pantalón: había entrado a esa mazmorra siendo una robusta talla 34 y la abandonaba en una escuálida 28.

***

El lugar de "trabajo" de Camila era un hotel en el Centro Histórico de Puebla, cerca de la calle 14. Cuando entró y caminó por el lobby, con un barroco maquillaje, lo primero que notó fue que al fondo se juntaban decenas de hombres que examinaban a las mujeres como quien elige un trozo de carne.

Una de esas mujeres le explicó a Camila la rutina de aquel burdel: los clientes elegían a su acompañante, pagaban por ella, la llevaban a un cuarto y 30 minutos después la mujer debía estar, de nuevo, en la planta baja para reiniciar el ciclo que se repetía todo el día. Era importante saber cómo comportarse, cómo hablar con los clientes, cómo hablar con la policía y, especialmente, cómo ahorrarse una golpiza de la banda de tratantes que integraba Armando. Camila se echó a llorar, temerosa y angustiada, cuando comprendió en qué se había transformado su vida.

"Pero yo no estaré aquí mucho tiempo, me voy a escapar", le confió a aquella mujer joven que le habían asignado como maestra. Pero en lugar de palabras de aliento, la veterana le devolvió una mirada lastimosa. "Mi niña... yo decía lo mismo y mírame... llevo cinco años atrapada en este lugar".

Las relaciones sexuales eran tan violentas y frecuentes que Camila recuerda que a la hora de orinar era como si expulsara arena caliente. Lo seco que tenía los genitales contrastaba con sus ojos siempre húmedos, listos para llorar apenas se escondía en el baño. Nunca logró llevar la cuenta de las relaciones sexuales a las que fue obligada, pero una se sentía como mil violaciones.

El otoño de 2006 en el que Camila llegó a ese hotel se alargó hasta el invierno. Llegó Navidad, Año Nuevo y el Día de Reyes. Cada día era más extenuante que el anterior. Enero también se agotó y llegó febrero. El Día del Amor y la Amistad, recuerda Camila, fue un día especial: habrá sido la fecha o el agotamiento mental y físico, pero ese día ella se negó a ir al hotel. "¡Es San Valentín y yo no quiero pasarlo allá!", gritó a Armando, quien furioso, la castigó como solía hacerlo: encerrándola en un cuarto sin comida ni agua.

Al cabo de unas horas, Armando volvió borracho y violento. Entró a la habitación y le tiró un puñetazo que le quebró la nariz. Suficiente, pensó ella. El odio que sentía por él había alertado los sentidos de Camila y él, en cambio, era una figura embrutecida por la cerveza. Apenas tuvo oportunidad, ella tomó la botella, la estrelló contra el piso y el envase se transformó en un arma blanca.

V. AMOR. CAMILA.

"¡Te odio, te odio! ¡Déjame ir o te clavo esto y te mato!", vociferaba ella, sorprendida con la fuerza de su propia voz. El espíritu roto había emergido como pedacería de valentía y supervivencia. Camila logró colocarse cerca de la puerta y abrir. A punto de cerrarla por fuera, Armando hizo un súbito movimiento y atenazó la puerta para impedir el azote. Pero ya nada impediría que huyera: ella embistió y machucó con fuerza los dedos de Armando. Para asegurarse que tuviera los huesos rotos, los machucó una segunda vez, escuchó un crujido y corrió a la calle.

Camila aprovechó que Armando se retorcía de dolor en el piso para esconderse en un callejón y esperar a que amaneciera. No quería sorpresas de noche. Apenas salió el sol, tomó un taxi y se dirigió a la Central de Autobuses de Puebla. Sólo paró para empeñar unas joyas que había escondido en sus zapatos y con ese dinero pagó al taxista, compró comida caliente y pidió un boleto de autobús que la sacara de ese infierno disfrazado de paradisíaco puerto.

Como no podía volver a Guerrero con su familia, eligió el lugar en el mapa que más se le hizo conocido: Ciudad de México.

* * *

Sin un aval para rentar un departamento en la capital, Camila se volvió a instalar en un hotel. Uno en un barrio popular, céntrico y barato, enclavado en la ahora alcaldía, antes delegación, Venustiano Carranza. Ahí le dijeron que encontraría trabajo, sin importar que no tuviera documentos personales ni domicilio fijo. Cuando se mudó, confirmó su temor: de nuevo, el único "empleo" disponible era intercambiar dinero por relaciones sexuales forzadas. En La Merced.

    El espíritu de la chica de Guerrero estaba roto. El dinero del empeño de sus joyas se esfumaba y todo parecía devolverla a la prostitución. Agotada, se resignó a volver a usar prendas cortas, ubicarse en la calle y esperar a que llegaran los clientes. Era eso o no comer más. Un tormentoso déjà vu con una pequeña diferencia que no le mejoraba el ánimo: esta vez, el dinero sería para ella, ya no para su tratante.

    Tres días después de su llegada a La Merced, otras chicas del barrio la invitaron a un evento. El gobierno de la demarcación, de la mano de fundaciones que luchan contra la explotación sexual y la violencia de género en el barrio, rifarían distintos electrodomésticos para apoyar a las mujeres. En realidad, el sorteo era un pretexto para acercarse sin peligro a la zona, ubicar la dinámica social y establecer confianza para ubicar a potenciales víctimas. Desde lejos, parecía un acto que algunos llamarían populismo, pero, desde adentro, era la única forma de infiltrarse en el barrio y rescatar a sus prisioneras.

    La estrategia funcionó: Camila ganó un horno de microondas, pero no quiso reclamarlo. La súbita felicidad se le esfumó cuando recordó que no tenía casa donde instalar su nuevo aparato. Se acercó a los organizadores para devolverlo y pedir que se repitiera la rifa para que otra chica lo disfrutara.

V. AMOR. CAMILA.

Cuando dijo que vivía en un hotel, fue como si abriera el cajón de los secretos. Una vez abierto, era imposible cerrarlo. Reveló que no le gustaba su habitación, porque le recordaba a aquellos días que pasaba encerrada por no ceder ante los deseos de su captor. E hizo lo más importante: no se calló. Rompió el silencio al que la había acostumbrado Armando y soltó un "ya no quiero estar aquí".

Ella no lo sabía, pero aquella mañana dio el primer paso para transformarse de víctima a mujer empoderada. Y al mismo tiempo que ella debutaba, le dio la mano una organización civil dedicada a la atención de quienes han sufrido este delito. Así, Camila se convirtió en la primera chica rescatada de Fundación Camino a Casa y como no había tiempo que perder, esa misma semana ella abandonó el hotel y fue ubicada en lo más cercano a un hogar, donde pudo conectar el microondas que había ganado el día que se atrevió a renunciar a ese falso destino que parecía inevitable.

Los pasos de Camila rumbo a su recuperación han servido como guía para que la fundación diseñara un modelo de rescate para decenas de víctimas atendidas en los últimos 10 años. Camila no sólo obtuvo un hogar distinto a un cuarto de hotel, sino que también tuvo apoyo psicológico, jurídico y económico; el acompañamiento que le hacía falta para enderezar ese espíritu quebrado. Gracias al éxito que ha tenido ese protocolo, muchas otras víctimas han vuelto a una vida sin violencia con ella como ejemplo de supervivencia.

***

Actualmente, Camila vive con sus tres hijos y con un hombre que la ama y es, contra todo pronóstico, una exitosa microempresaria. Con ayuda de la Fundación Camino a Casa y de sus propias habilidades, se capacitó, estudió modelos de negocios y abrió un salón de belleza que va por su séptimo año de funcionamiento con finanzas sanas. Y no se detiene ahí: su próximo sueño por cumplir será la graduación universitaria de sus hijos.

Su alma se volvió resiliente. La piel se hizo más dura, pero no su corazón. Y la nariz quebrada es sólo una curvatura vieja que le da personalidad a su rostro. Aún conserva cicatrices de ese pasado sobre el que está construyendo su futuro.

Hoy, la única bolsa de plástico, negra, opaca, apenas abultada y coronada por un nudo que carga Camila es la de la basura cuando hace limpieza de su propio negocio, el mayor símbolo de su recuperación.

Entonces, mira lo que ha construido, se sienta, sonríe y piensa para sí misma: "Camila, te vas a trabajar hoy mismo... te vas a hacer lo que sea que quieras, porque eres por fin una mujer libre".

Escanea el código QR a la izquierda con la cámara de tu teléfono celular para ver un reportaje en video sobre las experiencias de Camila.

Cuidados a largo plazo de las y los sobrevivientes de trata de personas

Durante los primeros años de trabajo de nuestra organización en México, uno de los obstáculos más grandes con los que nos tuvimos que enfrentar fue la falta de conocimiento y sensibilidad por parte de los impartidores de justicia. En realidad, ni la policía, ni los ministerios públicos, ni aún los jueces o fiscales entendían este crimen. Hoy, vivimos una historia diferente en algunos estados, aunque una de las áreas de oportunidad que reveló el trabajo de análisis de sentencias es en el aspecto de la capacitación. Todavía falta mucho por hacer si queremos encontrar un compromiso por parte de las autoridades como nunca se haya visto. Actualmente, contamos con unidades especializadas en trata de personas, capacitadas por equipos nacionales e internacionales. Podemos resaltar la labor realizada por el equipo especializado de la Policía Federal, lo mismo que a la fiscalía especializada de la Ciudad de México; quienes deben ser reconocidos por sus avances en la comprensión y persecución de este delito, su impacto en la vida de las víctimas y la importancia de traer ante la justicia a quienes han infringido tanto dolor.

Durante mi cargo como Diputada Federal, dediqué mi tiempo en asegurarme que se aprobara una ley fuerte y estricta para la persecución de este crimen, así como para la protección de sus víctimas. Al día de hoy el 99% de los victimarios han enfrentado justicia con sentencias condenatorias que van desde 4 hasta 90 años, aunque muy pocas han recibido reparación del daño por parte del Estado, hemos sido nosotros, la sociedad civil, quienes hemos tomado la responsabilidad de reparar ese daño tan grave. Mi equipo y yo destinamos en gran medida nuestros recursos a campañas de concientización para legisladores, para cuerpos policíacos, jueces y a la comunidad en general.

Una de las cosas más importantes que pudimos haber hecho fue el abrir las puertas a que se escuchara la voz de las sobrevivientes. Más de 60 acudieron a dar su testimonio a los legisladores; varios de los cuales por vez primera escucharon en viva voz y de primera mano las terribles consecuencias de la trata. La Ley General para Prevenir, Sancionar y Erradicar los Delitos en Materia de Trata de Personas y para la Protección y Asistencia a las Víctimas de estos Delitos, fue aprobada por unanimidad en los últimos meses de mi período en la Cámara Baja y, desde entonces, dicha ley ha servido para proveer un mecanismo de elaboración de los Planes Nacionales contra la trata; así como para instituir a las comisiones intersecretariales con las que ya cuentan 30 estados de la República; las cuales apoyan coordinando el trabajo necesario entre el nivel federal y el estatal. La Ley fue escrita para tomar en cuenta el contexto mexicano que está categorizado como el de un país de fuente, tránsito y destino de trata. En los 7 años desde que entró en vigor, esta legislación ha encontrado fuertes oponentes por sus efectos y porque muchos no comprenden su significado profundo. Como toda obra humana, esta ley es perfectible y, aunque debe endurecerse cada vez más, está funcionando. Más de 1000 tratantes están en la cárcel, más de 1000 giros negros, cabarés, casas de citas, hoteles, y clubes nudistas en donde se ha encontrado explotación han sido clausurados. Era de esperarse que, al confrontar intereses, reciba fuerte oposición. En los últimos 4 años se le han intentado hacer reformas que beneficiarían a los tratantes y afectarían seriamente los derechos de las víctimas a quienes pretende proteger. Como ya se mencionó, la ley tiene tres vertientes: la prevención, persecución del delito y la protección de las víctimas. En esta tercera, cabe agregar, también se han logrado grandes avances.

La primera pareja que tomó la responsabilidad del refugio en el área legal de las niñas fueron Germán y Lorena. Sus vidas fueron para siempre transformadas cuando se enfrentaron con la primera víctima, una jovencita de 16 años que lo dijo todo en una corta expresión: "soy basura". Germán y Lorena se dieron cuenta rápidamente de que no podían sólo ofrecer un acompañamiento legal y psicológico para atender a estas jóvenes, tenían que ofrecerles un hogar y cuidado tierno además de protección. A Germán nunca se le olvidó la reacción que tuvo al leer el primer expediente que le entregó la fiscalía. Un recuento frío e impersonal de crímenes impensables cometidos en contra de una adolescente. Los documentos no lograban captar el dolor y la falta de confianza que se reflejaba en su rostro. Este fue uno de los obstáculos más grandes a sobrellevar; ¿cómo establecer confianza con alguien que trae el alma destrozada? Estas jovencitas han sido violadas, vulneradas, golpeadas, manipuladas y hechas víctima de miles de mentiras. Esta joven en particular había sufrido su cautividad por más de 4 años. ¿Cómo es que pudo sobrevivir tanto tiempo de violencia sexual, emocional y física? El proceso no iba a ser fácil: las secuelas emocionales y físicas estaban frescas en su memoria, en su corazón, en su piel. ¿Qué podía uno hacer por la niña que decía: "Dios no es nada para mí; espera que los perdone y yo nunca los voy a perdonar?"

Desde esos días, hemos aprendido lecciones importantes sobre el cuidado y atención que deben darse a una víctima de trata para que logre sanar y prosperar. La importancia de la empatía, la honestidad, y el acercamiento respetuoso; la persistencia cuando un caso legal se atora, como es el caso de esta historia, porque lamentablemente muchas veces es dentro del mismo sistema que las puertas más pesadas se cierran y las mujeres son revictimizadas por el arduo proceso de declarar una y otra vez su historia de horror. Muchas veces, las víctimas se sienten traicionadas por el mismo sistema que es responsable de protegerlas.

Todos estos procesos se han convertido en el diario vivir de los programas de cuidado y acompañamiento. En los refugios viven hasta 25 niñas, aprendiendo a vivir juntas y compartiendo responsabilidades y privilegios como se haría en cualquier familia sana. Cada una con una vivencia propia, una personalidad y un sueño propios. Asegurarse de que reine el respeto en la casa es de primordial importancia, así como mostrarles que siempre estaremos ahí para luchar por sus derechos; que entendemos que hay un ciclo que se tiene que vivir en el proceso, que el asumirse víctimas es sólo el primer paso para aceptar que lo que les ha sucedido no es su culpa y que el enojo, la depresión y la vergüenza son parte natural del ciclo. En otras palabras, es prioritario hacerles sentir y ver que les vamos a tener paciencia en lo que lo viven.

Como es de imaginarse, el trabajo de cuidadora en el refugio es titánico. Recuperar una vida de dignidad no es un trabajo cualquiera. A cada miembro de la familia se le debe dar su tiempo y su programa personalizado según sus necesidades particulares. En esta casa, hay muchas lágrimas, pero también innumerables risas y rayos de esperanza que mantienen la luz de los sueños viva.

El refugio se vuelve un hogar y sus integrantes una familia, si entran o salen, la familia siempre estará ahí para ellas. Aquí es donde primero despiertan de su pesadilla, en donde desarrollan sueños y los comienzan a vivir. Es donde reciben educación, atención al trauma, sanidad física y emocional, lo mismo que seguridad.

Con la llegada de niñas más pequeñas, niñas desde 6 años que fueron prostituidas por sus propias madres, hemos implementado un acompañamiento especial en el que diariamente viven el amor y cuidado de personas que les hacen sentir que viven en familia y no en una institución.

Partiendo de la experiencia de Fundación Camino a Casa, hace 12 años, pocos entendían cuáles eran las necesidades de las sobrevivientes. Con el paso del tiempo, por estas paredes han llegado y partido más de 200 víctimas y muchas más personas se han sumado en una red de apoyo que es indispensable. Juntos hemos llegado a comprender que el cuidado a largo plazo es la mejor manera de asegurar el éxito en la reintegración, y muchas personas apoyan de maneras muy importantes. Servidores públicos y ciudadanos comprometidos han sido pilares en la construcción de la estructura necesaria para lograr que esta familia sea exitosa en lo que hace.

Hoy, con el modelo de atención que denominamos el "Círculo Virtuoso" lo estamos logrando. El centro de este círculo siempre debe ser la dignidad humana, que es precisamente de lo que fueron despojadas las víctimas de trata. Cuando se rescata a una victima, es evidente que la joven está en una situación de desesperación, depresión y aun de pensamientos suicidas, o está increíblemente enrabiada por la traición y el dolor que ha sufrido. Cada una de las personas, especialmente las autoridades res-

ponsables deben estar sumamente capacitadas a mantener en mente que la dignidad debe ser restaurada desde el primer momento de contacto, en la manera en que se le habla, en asegurarle que sus palabras se van a respetar y tomar en cuenta seriamente, que se mantendrá la paciencia mientras recobra la fuerza para hablar de lo que le pasó, que se le alimentará, se le cubrirá con ropas dignas y se le ofrecerá un lugar digno donde descansar. En cada paso debe sentirse que está siendo cuidada, respetada, y no que se están aprovechando de ella.

El primer paso después del rescate es el asegurar el resguardo seguro de la víctima en un refugio especializado que solamente atienda a víctimas de trata. Este refugio debe ofrecer alojamiento, alimentación, servicio médico, trabajo social, apoyo psicológico, asesoría jurídica y legal, apoyo socio-laboral y apoyo educativo, a este le llamamos Hogar Familiar. En nuestra experiencia lo óptimo es que sea un refugio administrado por la sociedad civil bajo la supervisión y acreditación de la autoridad gubernamental asignada. La idea de este hogar es que el retorno seguro de las niñas a su familia —en los casos en que así sea—, o el camino hacia la reintegración de manera plena a la vida social y productiva, puede hacerse partiendo de los valores, las vivencias, experiencias y aprendizajes que adquirieron dentro de la Casa. Además, exige la articulación de diversos elementos formativos, axiológicos, educativos y asistenciales que brindan a las niñas y jóvenes atendidas, las bases para reconstruirse y reconfigurarse en lo individual y en su relación social con los demás. Estos incluyen dos ejes:[1]

- El plan de vida: es la estrategia mediante la cual las niñas y jóvenes van visualizando, reflexionando y tomando conciencia poco a poco, de los procesos de transformación a nivel personal que viven día a día. Sirve para clarificar y desarrollar las cualidades y potencialidades de cada una y les permite planear y dar respuesta a las demandas de atención integral de éstas.

- El plan familiar: se delinea, organiza y ejecuta al interior del Hogar Familiar, y se construye en colectivo por todas las personas que en él viven. En este Plan, se distribuyen las tareas y responsabilidades para mantenerla limpia y en orden, para organizar el suministro y preparación de los alimentos, para ir a la escuela, a las clases complementarias, o incluso a citas médicas o psicológicas, y en él se acuerdan también las normas y reglas básicas de convivencia.

Una vez que la sobreviviente ha alcanzado la mayoría de edad y una recuperación sustancial, ingresa al siguiente paso que denominamos "Pasos firmes" de la mano de Reintegra, con apoyos proporcionados por Comisión Unidos vs. Trata, @Sintrata y Fundación Camino a Casa. Para seguir con este paso, la víctima debe haber llegado al estatus de sobreviviente, habiendo recibido por el tiempo necesario el acompañamiento legal, psicológico, físico, salud, educación básica y cultural habiendo buscado prepararla para lo que ha plasmado en su "Libro de los Sueños". La sobreviviente entonces, por su propia voluntad, decide si quiere entrar al programa escogiendo una carrera profesional o vocacional que le apasione. Durante el tiempo que está estudiando, se busca hacer convenios con universidades locales y empresarios para otorgarles becas educativas, vivienda y una manutención para sus gastos personales. Además, se busca por el lado legal la reparación del daño que le corresponde por ley.

Durante este tiempo también, las que así lo escogen, se preparan para ser activistas contando su historia y trabajando para lograr una mayor consciencia sobre los sufrimientos que pasa una víctima, pero sobre todo los logros que puede alcanzar cuando es acompañada y empoderada. Otro aspecto importante es el lograr convenios con autoridades y empresarios para asegurar empleos dignos para las graduadas.

Aunado a estos esfuerzos, es importante asegurar la capacitación de todos los servidores públicos y a la misma sociedad para que al reintegrarse la sobreviviente no vuelva a ser vulnerada ni victimizada.

Otro aspecto de suma relevancia es educar a la sociedad con una cultura de denuncia, tener cam-

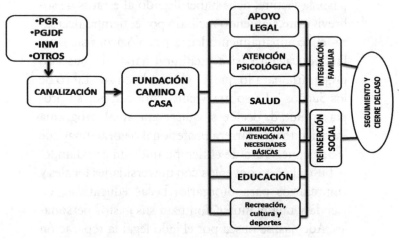

Proceso de Atención

pañas de concientización sobre las características y circunstancias en las que puede encontrarse una víctima. Trabajar para asegurar que haya una línea de denuncia segura y confiable, que acompañe a la víctima o al denunciante por todo el proceso necesario para asegurar su cuidado.

Cuando se logra este trabajo de equipo que pone a la víctima por encima de cualquier otra cosa, se puede asegurar que el proceso queda terminado y la sobreviviente se ha convertido en superviviente al haber alcanzado una carrera profesional o vocacional, un trabajo digno, salud física, seguridad emocional y una vivienda digna. Cuando ella misma puede estar orgullosa de lo que ha logrado y comienza a independizarse económica y emocionalmente de aquellos que la han acompañado. Sobretodo, agradecida, apoya a otras que vienen detrás de ella.

Un paso importante es asegurar que la sociedad entera entienda que cuando repiten, normalizan y aceptan los mitos que existen detrás del sistema de la prostitución que permea en nuestra cultura con frases como: "Es el trabajo más antiguo de la historia", "están ahí porque quieren", "la prostitución es un mal necesario", están aportando a la perpetuación de este crimen. "Nosotros como hombres", decía Germán, "tenemos que propiciar cambios estructurales a nuestra cultura para dejar de ver a las mujeres como objetos de nuestro placer, y dejar de violentarlas sexualmente. Tenemos una obligación de construir una sociedad basada en los valores de respeto y equidad. Nuestro mensaje debe educar a la sociedad sobre la realidad de la trata de personas y luchar por las víctimas a cada momento".

Referencia citada

1. Comisión Nacional de Derechos Humanos, "Trata de personas un acercamiento a la realidad nacional". Modelo de atención de la Fundación Camino a Casa A.C. Prado, P. & Casas, B. 2011. http://cdhpuebla.org.mx/pdf2019/Acercamiento-Trata-Personas_1.pdf.

VI. Reparación. Esperanza, Mario y Enrique.

Una casa vacía puede significar muchas cosas. Para el personaje ficticio del detective Sherlock Holmes, una casa desocupada era siempre un lugar sospechoso de terribles crímenes; para el escritor chileno Carlos Cerda, una habitación ramplona revelaba dolor y culpa; a Nietzsche le dolían los oídos cuando entraba a un hogar deshabitado y el cantautor argentino Charly García le dedicó versos que dicen "hay amor, hay dolor, todavía hoy, hoy, vivo en una casa, vivo en una casa, vivo en una casa vacía".

Para artistas, poetas y creadores, una casa vacía casi siempre evoca al dolor, una herida abierta, la señal de que un desastre golpeó con fuerza y evacuó los cariños. Para Esperanza, una niña de la Ciudad de México, una casa vacía es el inicio de su historia. Una habitación precaria, oscura, que no conseguía hacerse acogedora ni porque se estrujara en unos pocos metros cuadrados en la colonia Obrera, en el centro de la Ciudad de México. Esperanza buscaba ahí a su madre, pero no la encontraba; también a su padre, pero seguramente estaba en el trabajo, como capitán de meseros en Acapulco o en Cancún. La casa estaba vacía casi todo el día, aunque ella no hubiera comido y tampoco sus ocho hermanos.

A la casa le faltaron caricias y le sobraron golpes. Desde los 5 años, a Esperanza la aporrearon con tanta fuerza que parecía que no sólo le querían romper los huesos, sino el alma. Ella se recuerda a sí misma caminando las esquinas de su habitación, sobándose los golpes, tratando de entender cómo es que una madre puede convertir un hogar en una celda de castigo con tan poca misericordia.

La casa vacía de Esperanza también fue una mazmorra. Pasaba días y días encerrada, viendo los días soleados pasar frente a su ventana. Soñando que ella es la niña que ve cruzar la banqueta y que juega con otras niñas. Fantaseó, por años, en el borde de la ventana, con una infancia que otras sí tenían: juegos, risas, dulces, ropa linda. Un día, un anciano vecino le habló a través de la ventana. Le mostró un pan dulce para animarla a salir. Esperanza no confió en él, pero el hambre y las ganas de salir de esa casa vacía la empujaron a cruzar la calle y a entrar a la casa del viejo que, recuerda como si fuera ayer, olía a naftalina. Él la sentó sobre sus piernas. Apenas la tuvo cerca, le tocó los genitales, le metió los dedos en su vagina, la lastimó. Ella no entendió ni pudo defenderse. "Si le dices a tu mamá, no te va a creer, le digo que tú fuiste y ya verás

VI. REPARACIÓN. ESPERANZA, MARIO Y ENRIQUE.

cómo te va", le dijo antes de sacarla de la casa.

Si es cierto lo que decían los griegos, que el nombre marca el destino, llamarse Esperanza sirvió poco a esa niña que temblaba en su casa después de ser abusada sexualmente y que sólo quería un pan y una casa caliente. Sólo eso: pan y casa caliente.

***

Esperanza tuvo su período, por primera vez, a los 11 años. En su mente, la mayoría de las madres se alegraban el día en que a sus hijas les llega la menstruación. Creía que ese sangrado indicaba que se había vuelto mujer y esperaba con ilusión que su mamá le explicara, con calma y cariño, los cambios corporales que estaría por experimentar.

En lugar de eso, le cayó una cascada de golpes. La casa vacía también podía ser un ring de pelea en el que ella no tenía derecho a defenderse. Mamá la tomó del cabello, golpeó su cabeza contra el suelo y le gritó con la misma furia con la que alguien trataría a un ladrón que lastimó a la familia. "¿Qué hiciste?", vociferó mientras le aplastaba la nariz con la suela de los tenis. Volaron puñetazos y patadas hasta que mamá perdió el aliento. La niña sintió ardor en todo el cuerpo: le salió sangre de la nariz, de los oídos, de la boca. Lloró. Tembló de miedo. "¿Qué hice mal?", se preguntó.

"Es tu hija, mira cómo la has dejado...", reclamó el papá de Esperanza cuando le vio la cara deforme, pero la mamá vociferó con más fuerza. Y él, amoroso, ausente, un hombre celofán, tomó el lugar que debió ocupar la mamá. "Eso les pasa a todas las mujeres. En la farmacia venden cosas para esto", le explicó, torpemente, sobre su primera menstruación.

Incluso, cuando la casa se ocupaba con mamá, papá y hermanos, era una casa silenciosa. Todos parecían mirarla con desprecio o lástima. Esperanza sólo soportó un tiempo así. Quería sentirse tranquila, en paz, libre de los golpes. Así que empezó a planear cómo buscar en la frialdad de la calle el calor que la casa vacía nunca le iba a dar.

***

A veces, la casa vacía se llenaba. Y era peor. Cualquier cambio en la cotidianeidad de ese lugar parecía estar destinado al mal y contra Esperanza. Cuando se abría y cerraba la puerta, y adentro se escuchaba un coro de risotadas de hombres, la niña temblaba. Horas más tarde, Esperanza estaría en el piso, forzada a comer su propio vómito como castigo por luchar contra sus hermanos, vecinos y amigos de los hermanos que la obligaban a hacerle sexo oral a cada hombre de la casa.

Sus abusadores decían lo mismo que el vecino que abusó de ella: "Si le dices a tu mamá, no te va a creer". Esperanza nunca supo si esos hombres sabían, o adivinaban, que cuando su mamá tejía en silencio, sólo hablaba para insultarla: "estás loca, tarada, nunca vas a ser nadie". Las palabras se ins-

VI. REPARACIÓN. ESPERANZA, MARIO Y ENRIQUE.

talaron en cada rincón de la mente de Esperanza y cerraron ventanas a nuevos aprendizajes. Empezó a fallar en la escuela, a reprobar materias y a creerse ese cuento horrible de que era, en efecto, tonta. En sexto de primaria, su mamá le advirtió que, si reprobaba de nuevo, la mataría. Mejor muerta que mala estudiante, le dijo. Y Esperanza reprobó. Antes de que su mamá llegara a casa, la niña se fugó del hogar. Tomó sus cosas y se fue a la calle. Prefirió ser niña en situación de calle, que niña en situación de ataúd. Y la casa se vació un poco más.

***

A dos calles de la casa de sus padres, había una terminal de camiones. Esperanza caminó hasta allí y tomó el primero hasta otra terminal. Descendió del camión y abordó otro. Así pasó toda la tarde, de camión en camión, de terminal en terminal. Una niña de 12 años viajó por decenas de calles de la Ciudad de México sin tener a dónde ir.
El cielo se oscureció. El camión llegó a la primera terminal donde Esperanza comenzó sus viajes, como un círculo vicioso. Un hombre se acercó y le dijo que había llegado la hora de bajarse. Ella contestó que no tenía a dónde ir, que se quedó huérfana. Él la llevó a un hotel en la misma calle de la base de los camiones. Le pagó un cuarto, justo a dos calles de su antigua casa. Al anochecer, tuvieron relaciones sexuales.
Él, Mario, era un hombre de 27 años y ella era

apenas una niña de 12. El calor de las sábanas la hizo quedarse dormida hasta el amanecer. Cuando despertó, él ya se había ido. Esperanza buscó a Mario como una persona busca a un salvavidas a punto de ahogarse. Lo hizo en las bases de camiones, en los comedores cercanos, en las calles que rodean la colonia, pero no lo encontró. Mientras buscaba, comió uno que otro taco que la gente le regaló. Tras ocho días de búsqueda, la niña encontró, por fin, a lo más cercano que tuvo a un protector. Pero él se volteó. La negó. No quiso nada con ella.

***

Esperanza durmió en la calle por un año. Sobrevivía con un instinto casi salvaje, incomprensible para una niña de 12 años que haya nacido con una casa llena, cálida y solidaria. La niña dormitaba afuera de cualquier negocio con techo, un banco, un restaurante. En ocasiones, entraba a los camiones en la terminal y ahí dormía. Para ella, eso era un paraíso.

La comida era otra desventura. Los hombres buenos le ofrecían un caldo o pan a cambio de nada; los malos, le daban comida con la condición de que se bañara con ellos. Los peores le ofrecían migajas o refrescos a cambio de golpearla en el baño de una habitación vacía. Les excitaba hacer sufrir a una niña. Pero a Esperanza poco le importaba tolerar esos golpes. Dolieron más los de su mamá.

VI. REPARACIÓN. ESPERANZA, MARIO Y ENRIQUE.

Durante ese año, algunas veces se encontró a su madre. Algunas veces, la llevó por un café o a cenar. Ya no era la misma mujer, se comportaba muy seca, pero, al menos, ya no la golpeaba. Eso animó a Esperanza a volver a casa. Un día, en completo silencio, caminó junto a su madre y volvió voluntariamente a la casa vacía. Creyó que regresar a esa habitación le valdría un beso. Pero ese gesto de amor nunca llegó.

***

Meses después, Esperanza salió de la casa vacía. Mario la había buscado y, extrañamente, le había ofrecido presentarla a su familia. Ella mintió y dijo que tenía 18, cuando en realidad tenía 13 recién cumplidos. Pero una vida de maltrato y la dureza de la calle la hacían ver más vieja de lo que era, así que el padre de Mario y su madrastra dieron el visto bueno para que ella se fuera a vivir con ellos a una vecindad que estaba a dos calles de la casa vacía. Esperanza sintió algo extraño, un cosquilleo difícil de explicar para ella: entró a su nuevo hogar y vio una cama, una estufita, dos platos, dos tazas y ropa. Lo que sintió fue felicidad.

Pero duró poco. Al día siguiente, Mario la encerró y se fue a trabajar. Le dijo que lo hacía para que no le pasara nada. Así pasaron seis meses. No salía ni a la calle. Como no sabía cocinar, Esperanza, desde la ventana, encargaba a los niños de la vecindad que le compraran golosinas en la tiendita. La nueva casa se hizo mazmorra. Igual de vacía e igual de silenciosa que la casa de la infancia.

Un día, Esperanza intentó prepararse algo. La niña de 13 años causó un cortocircuito en la parrilla de la cocineta. El cuartito comenzó a incendiarse y el fuego amenazó con extenderse por toda la vecindad. Encerrada, incapaz de abrir la puerta, tuvo una reacción de niña: se escondió debajo de la cama. Los vecinos corrieron a ayudarla. Rompieron el candado y la cadena. Lograron salvarla y apagar el fuego. Sólo así, Mario entendió el peligro de dejarla bajo llave. La vida de Esperanza parecía que siempre tenía que rozar la muerte para sobrevivir.

***

Un día, Esperanza abrió los ojos y ya tenía 17 años. Se le había acabado la adolescencia y ese vientre prominente le recordaba que estaba muy cerca de tener a su primer hijo, Mario. Habrá sido el embarazo, la proximidad de volverse madre, lo que la impulsó a rogarle a Mario que la dejara buscar a su madre después de años de no estar en contacto.

Esperanza empezó a buscar el camino hacia su nueva familia. Preguntando a sus viejos vecinos, supo que ya vivían en Ciudad Nezahualcóyotl, en el Estado de México. Llegó hasta allá y encontró una casa semivacía. Sus hermanos le dijeron que su mamá no estaba: había ido a Chiapas, a buscar el cuerpo del hermano mayor, asesinado con un puñal de veintidós centímetros. Esperanza sintió tristeza

VI. REPARACIÓN. ESPERANZA, MARIO Y ENRIQUE.

porque aquel hermano asesinado nunca había abusado de ella. Al contrario, le había enseñado a pelear para defenderse. Tristísima, volvió a casa.

Mario pronto emergió como un hombre perezoso, un lento despachador de una línea de camiones y luego vendedor en un puesto de revistas usadas. Ganaba tan poco dinero que Esperanza a veces vendió su sangre para comer. Lo que a él le faltaba en vitalidad, lo compensaba en coquetería: Mario y otra de las hermanas de Esperanza tenían relaciones sexuales. Pero ella nunca reclamó ni se separó de Mario. A ella le bastaba con que no la golpeara tanto como su madre. Y lo perdonó tanto que a los 19 años tuvo a su segundo hijo: Enrique.

Esperanza vio una salida en el alcohol. La autoestima magullada, la seguridad de sentirse fea y tonta, el dolor de los golpes de la infancia, todo se ahogaba con una botella de tequila. Ebria, Esperanza se creía divertida, amorosa y guapa. El alcohol la ayudó a salir de la relación con Mario, pero la introdujo a un noviazgo con Ernesto, tan violento como su mamá. Así, Esperanza tuvo a su tercera hija y esperó a la cuarta. Ella vivía por inercia.

* * *

Después de una fiesta, borracho y drogado, Esperanza se dio cuenta que Ernesto estaba tocando a su primer hijo. Le quitó al niño e, instintivamente, le dio una cachetada. Él respondió con un golpe que la aventó varios metros, que le fracturó la nariz y que aprovechó para llevarse al bebé. Para recuperar a su hijo, Esperanza le rogó perdón y prometió que no volvería a hacerle un reclamo así. A la mañana siguiente, ella huyó con su nariz chueca, los ojos morados y una bola en el paladar.

Cuando tuvo a su cuarta hija, los padres de Esperanza le negaron la posibilidad de vivir con ellos. Vivió en la calle, de nuevo, ahora como mamá soltera de cuatro. Mario y Enrique, sus hijos pequeños, pedían dinero en el Metro para que comiera la familia. Si no llegaban con dinero, Esperanza los golpeaba. Se había convertido en una mujer dura y cruel, una copia calca de su madre, excepto que más demacrada para su edad. Y en lugar de casa vacía en la colonia Obrera, la nueva casa estaba en un basurero en Ciudad Neza.

Un día, Esperanza abrió los ojos y su hija ya tenía 14 años. La llevó al bar donde ella trabajaba y la presentó como su sucesora: segura de que las mujeres como ella sólo tienen su cuerpo como herramienta de supervivencia, empujó a su propia hija a la prostitución.

* * *

Esperanza y sus hijos eran duros como madera y afilados como piedras. El maltrato, los golpes, la vida en los cuartos de burdeles y de mañanas con resacas con clientes abusadores los habían hecho así. Tanto que ya eran considerados una pandilla. "Los Garfias", les llamaban. "Soy Satanás. Donde

VI. REPARACIÓN. ESPERANZA, MARIO Y ENRIQUE.

me la pinten, se las borro", repetía Esperanza una y otra vez. Su supervivencia radicaba en su fama de malandros. Ella se hinchaba el pecho con orgullo cuando escuchaba, a su paso, su temible leyenda: "Con La Esperanza no te metas, porque esa no le tiene miedo a nadie", repetían en los callejones. Su reputación era acompañada por la de su hijo, Mario, quien se hizo famoso en el barrio por tatuarse una enorme Santa Muerte en la espalda, a palo seco, sólo con tequila y cocaína.

Su red de explotación sexual familiar no duró lo que Esperanza creyó. Un día, una denuncia anónima surtió efecto, activó a la policía en forma de un operativo y detuvieron a todos. Al día siguiente, la familia apareció en la primera plana del periódico El Universal. Arriba de la foto de ella, sus dos hijos e hija decía: "La Leona y sus cachorros".

La Santa Muerte que Mario se tatuó no resultó milagrosa: cada uno fue sentenciado a 18 años de prisión por corrupción de menores, lenocinio, asociación delictiva, privación ilegal de la libertad y violación. Esperanza pasó su primer año en el Reclusorio Femenil Oriente. Luego, 11 años en el Reclusorio Preventivo Femenil Tepepan. Gracias a que consiguió trabajo limpiando la prisión, tuvo el beneficio de la visita interreclusorios cada ocho días. Así fue que se mantuvo en contacto con sus hijos y con una maestra que descubrió su potencial para escribir y la empoderó. La niña que se creía tonta e inútil terminó siendo una prolífica escritora que redactaba obras de teatro que otras reclusas actuaban.

La redención de Esperanza llegó gracias a la escritura. La de Mario y Enrique les llegó por la lectura de la Biblia. "Su Dios no me va a cambiar", decía ella a sus hijos, desconfiada de lo que sus hijos le compartían. Ellos le retaron en alguna de sus visitas en la cárcel con esas frases que tal vez hemos escuchado: "Cristo te ama, dio su vida por ti en la cruz pero resucitó, pídele que si esto es verdad te lo revele". Las palabras no tuvieron eco al instante en Esperanza, pero un día llegó a su celda en Tepepan y tuvo un encuentro personal con el Dios amoroso que había trasformado a sus hijos. Se puso a orar y sintió en el cuerpo una paz inmensa, ganas de correr, saltar y gritar.

Esperanza pronto se bautizó y la siguieron sus hijos. Sus oraciones no buscaron una rápida excarcelación, sino la libertad hasta que el proceso de sanación hubiera terminado. Y se cumplió: Esperanza fue puesta en libertad el 12 de diciembre de 2014. Meses después, deseosa de corregir el rumbo de su vida y de impedir que niñas como ella terminaran en barrio de explotación sexual, consiguió trabajo en Comisión Unidos vs. Trata.

***

Una casa vacía puede significar muchas cosas. Una casa llena también. Llena de cariño y solidaridad, se vuelve un hogar, un espacio compartido, un refugio donde estar a salvo, una patria nueva para un refugiado.

VI. REPARACIÓN. ESPERANZA, MARIO Y ENRIQUE.

Si es cierto lo que decían los hebreos, que el nombre marca el destino, llamarse Esperanza sirvió mucho a esa niña que temblaba y que luchó hasta ser adulta para conquistar la vida que quería y merecía.

Hoy ella, y sus hijos, tienen casa cálida y amorosa. Sólo eso: una casa. Llena de sueños.

Justicia restaurativa

Es imposible pensar que un tratante de personas pudiera ser restaurado. Tan inhumanos son sus crímenes, tan faltos de compasión y tan llenos de depravación y odio; ¿cómo podría siquiera imaginarse que vale la pena salvarles?

A pesar del evidente crecimiento en la explotación de mujeres, niñas y niños en la industria del sexo comercial, no tenemos suficientes datos ni estudios cualitativos relacionados al análisis de las experiencias en el caso de los tratantes. Un estudio profundo al respecto nos proveería de las características similares y divergentes asociadas con los tratantes y sus víctimas. Entre el poco material de investigación que se ha publicado, está el de Troshynski y Blank, quienes entrevistaron a tratantes activos en Reino Unido y del cual podemos conseguir dar explicación a algunas características predominantes.[1] Para comenzar, se confirma que hay 4 distintos "puestos" al interior del negocio de la trata:

1) El reclutador – Es quien se encarga de hacer la identificación y enganche de la víctima.

2) El padrote – Es el responsable de controlar y dominar a la víctima en el ejercicio de la prostitución.

3) El traficante – Es el responsable de trasladar a la víctima a los diferentes puntos de explotación.

4) El mediador – Es quien tiene todas las cone-

VI. REPARACIÓN. ESPERANZA, MARIO Y ENRIQUE.

xiones necesarias para asegurar que el negocio corra sin contratiempos ni problemas[2].

Es con atención a lo anterior que no podemos como sociedad tan sólo enfocar los esfuerzos de persecución en el individuo que engancha; cada uno de los participantes es explotador y es una pieza necesaria para que el sistema criminal funcione, por lo que deben ser llamados a rendir cuentas ante la justicia. En México, en estados como Tlaxcala, Puebla y el Estado de México, son familias enteras las que se han unido para construir sus negocios de trata, dando a cada miembro un trabajo delictivo en específico.

Un dato interesante, en el que todos los tratantes entrevistados estuvieron de acuerdo, es que el motor que impulsa su trabajo es la demanda por parte de los clientes; los cuales no tienen un perfil socioeconómico específico. Los clientes pertenecen a todos los contextos. También unánimemente coincidieron en que las personas involucradas en este "mercado", en general, provienen de un pasado con mucha violencia y repiten estos patrones para controlar a sus víctimas. Según sus testimonios, la violencia simplemente ha sido una parte continua de sus vidas. Cabe mencionar que, a lo largo de sus relatos, es posible constatar la influencia del sistema global patriarcal que asienta actitudes, usos y costumbres; aunado a una cultura discriminatoria contra la pobreza y el racismo que contribuyen a perpetuar ideas misóginas, impulsadas por los mismos hombres para justificar sus acciones. En este imaginario se percibe y describe a la mujer como aquel ser que está ahí para llenar la demanda de objetos sexuales en servicio de hombres privilegiados. Las mujeres, también, son fácilmente convencidas de involucrarse en el "negocio" con tal de cambiar de estatus social y vivir una vida más "libre". Es debido a esto por lo que para el tratante resulta más sencillo reclutar apoyo desde adentro de su organización que externamente. Es de esta forma que la víctima se torna en victimaria para sobrevivir.[3]

La primera vez que visité a un tratante en la cárcel, lo hice con el propósito de entrevistarlo y así entender mejor su manera de pensar y de actuar; lo hice para servir mejor a las víctimas que atendemos. A decir verdad, estaba aterrada. Lo vi caminar hacia mí por el pasillo y mis piernas comenzaron a temblar. Cuando habló, lo hizo reclamándome y demandando saber por qué había escrito un libro sobre él. Yo reaccioné inmediatamente dando un golpe fuerte en la mesa con un valor que todavía no sé de dónde salió, y le dije: "¡Tú no eres tan importante! Escribí un párrafo sobre ti en mi libro." Ese fue el principio de muchas entrevistas que he realizado con tratantes cumpliendo sentencias en las cárceles de la Ciudad de México. Lo que he descubierto en ese tiempo es que ellos también tienen una historia que contar. La mayoría son historias de violencia, situación de calle, padres ausentes, abandono y mucho más.

Por un tiempo estuve visitando a un tratante

que para fines prácticos llamaré Pedro. Fue el explotador de una de las jóvenes que participaba en nuestro programa de medio camino, Paty. Desde niña aprendí que debemos enfrentar nuestros temores y el mayor de todos era que Pedro había sido sentenciado antes de la Ley General Vs Trata del 2012 y pronto saldría de prisión. Paty, una de las jóvenes más destacadas con carrera de derecho y actualmente cursando la Maestría de Administración y Emprendimiento Social, estaba en riesgo y por eso era necesario ir a la cárcel. Después de muchas visitas y pláticas profundas con Pedro, un día me pidió que, de ser posible, quería tener la oportunidad de pedirle perdón a Paty. Este encuentro se documentó en el reportaje de CNN, *Mercancía Humana* (ve el código QR abajo).

Fue una experiencia transformadora ser testigo de este acto de arrepentimiento, pero fue especialmente liberador para Paty, quien hoy se ha convertido en una mujer fuerte y madura que está abriendo camino para otras sobrevivientes y ayudando a prevenir la trata, como presidenta honoraria de Comisión Unidos vs. Trata y como abogada dedica su tiempo a sensibilizar a los miembros de la legislatura y a dar conferencias alrededor del mundo.

He sido especialmente conmovida por la historia de la familia Garfias que ahora tienen un lugar especial en el trabajo de Unidos Vs. Trata. Activamente apoyan a combatir la trata dando capacitación a las autoridades y previniendo a los padres sobre los peligros de este delito, así como informando sobre las formas de reclutamiento y explotación que utilizan los tratantes. Es especialmente importante su intervención ya que conocen por experiencia propia estos movimientos, pues ellos mismos fueron explotadores de mujeres. Recientemente, su experiencia se contó en el documental de la Fundación Thomson Reuters, *Sex Trafficking, A Family Business (La trata sexual, un negocio familiar).*

Referencias citadas

1. Troshynski y Blank, "Entrevistas con tratantes", Percepciones, 2003/2014. https://cap-press.com/pdf/heil%20nichols%20online%20chapter%2001%20Troshynski.pdf.
2. Blank, J.K. "Human Trafficking, Migration, and Gender: An Interdisciplinary Approach". (2013). M.W. Karrake, The Other People: Interdisciplinary Perspectives on Migration. New York, NY. Palgrave Macmillan.
3. Dina Siegel & Sylvia de Blank, "Women who traffic women: the role of women in human trafficking networks", Dutch cases Global Crime, Volumen 11, (2010) https://www.tandfonline.com/doi/abs/10.1080/17440572.2010.519528.

VI. REPARACIÓN. ESPERANZA, MARIO Y ENRIQUE.

Mercancía Humana

Sex Trafficking, A Family Business

Escanea las imágenes arriba con la cámara de tu teléfono celular para ver los videos mencionados en el texto.

VII. Comprensión. Estrella y Carla.

Un tráiler avanza sobre la carretera que conecta al Estado de México con Puebla. Serpentea entre los carriles y rebasa a los autos que perezosamente se extienden por el camino. Visto desde las alturas, el camión de carga avanza como cualquier otro, acaso con un poco más de prisa que el resto, pero nada lo hace excepcional entre la multitud de vehículos que se mueven por el asfalto.

Es un automóvil genérico. Un tráiler sin personalidad. Nada lo haría distinto a otros excepto que, en la caja del tráiler, aventadas como un bulto de ropa, viajan dos niñas secuestradas e inconscientes.

Es imposible que los conductores que pasan junto al tráiler lo sepan. Desde el asiento del conductor y del copiloto solo se observa una caja alta y cerrada, que bien podría llevar café, verduras o la mudanza de una familia. El vehículo recorre cientos de kilómetros sin levantar sospechas: atraviesa pueblos enteros, rebasa puntos de revisión e, incluso, varias patrullas pasan a su lado, incapaces de detectar que a unos centímetros de ellos ruedan un par de menores desaparecidas.

El tráiler avanza desde la madrugada hasta el

amanecer. El picor del sol, y los tumbos que da el vehículo, sacan del marasmo a una de las niñas. Ella voltea a todos lados y en lugar de ver las paredes de su recámara se topa con los muros de acero de la caja del tráiler. Intenta hacer memoria, pero no recuerda cómo es que llegó ahí. Tampoco sabe a dónde va ni quiénes la llevan.

Sólo entiende, en unos pocos segundos, que su vida como la conocía está a punto de terminar. Y lo único que puede hacer es gritar tan fuerte como puede, un berrido capaz de erizar los vellos de quien escuchara tanto terror en una niña de apenas 14 años.

¿Nadie escuchó su grito dentro de la caja del tráiler? ¿Alguien oyó ese berrido aterrador y eligió no hacer nada? ¿Con qué oídos sordos se toparon sus súplicas de auxilio? ¿Por qué la niña gritó, por largos minutos, y ningún conductor la ayudó?

¿Por qué?

***

Cada año, en enero, Tepetlixpa, un pequeño municipio en el extremo sureste del Estado de México, festeja su feria en honor al Dulce Nombre de Jesús. El pueblo completo se rinde ante la efeméride. Abuelos, padres, madres, niños y niñas, como las primas Estrella y Carla, de 14 años, esperan 12 meses para la fiesta. Es 2011 y las adolescentes viajan hasta el centro del municipio para participar en los bailes, escuchar música en vivo y comer hasta sentir que revientan.

VII. COMPRENSIÓN. ESTRELLA Y CARLA.

Es la mejor época de sus vidas. No tienen otra preocupación más que encandilarse con las luces de la feria y la música. Se sienten felices, libres, hasta que miran el reloj y se dan cuenta que pasan de las 9 de la noche. Estrella tiene miedo de que su papá la regañe y el día perfecto se arruine, así que le pide a Carla que la deje dormir en su casa para postergar la reprimenda.

Las dos primas caminan a la orilla de la carretera. Lo han hecho antes y, por lo general, consiguen que alguien del pueblo las vea pronto y las acerque a casa de Carla. Pero esa noche la fiesta roba toda la atención del pueblo y el camino luce desierto, oscuro y peligroso.

De pronto, Carla suelta un pequeño grito. Unas sombras parecen descender de un tráiler estacionado a la orilla de la carretera y se acercan a ellas. Cuando las primas quieren responder, es muy tarde: las sombras están detrás de ellas y sacan un par de trapos blancos que presionan contra la nariz y boca de las niñas. En segundos, Estrella y Carla se vuelven niñas de trapo que son aventadas al fondo de la caja del tráiler.

Carla es la primera en despertar. No sabe qué sucede, así que grita tan fuerte como puede, pero el vehículo que la traslada hacia una ubicación desconocida no frena. Grita tanto, y tan fuerte, que Estrella recupera el conocimiento. Está tan mareada por el narcótico que no puede gritar. En silencio, gatea hasta una rendija y se da cuenta que están dando vueltas por las calles de San Juan Acozac,

Puebla, un dato que le será muy útil después.

Cada prima está metida en un infierno personal. Carla no deja de gritar y Estrella está muda como una piedra. Las dos se pasman cuando el tráiler se estaciona, por fin, y las sombras que las atraparon adquieren formas de hombres que las empujan hasta una casa, de donde sale una mujer que les entrega fajos de billetes.

A ninguna le queda duda que ese dinero es el pago por haberlas raptado.

La mujer se presenta como Jazmín con un tono de voz condescendiente. Si no hubiera sido porque había pagado por secuestrarlas, las primas pensarían que Jazmín es amable. Casi suena creíble cuando les dice que las tres serán buenas amigas y que las tratarán con cariño. Jazmín resulta una eficaz interrogadora: en unos minutos, exprime el miedo de las adolescentes y obtiene valiosa información personal que usará para amenazar de muerte a cada familia. Después, como otra forma de aterrorizar a las primas, las separa.

"Ahora vas a trabajar para mí", sentencia Jazmín. Y ordena que entre a la casa una mujer que le hace una cirugía cosmética a Estrella: le cambia el peinado, la maquilla, le avienta una minifalda, una blusa escotada y tacones que le quedan grandes. La joven se niega, furiosa, y rechaza la ropa. Enseguida, Jazmín pierde su faceta amable y la golpea con saña, como si la odiara desde que nació.

"Si yo pasé por esto, ¿por qué tú no?", le grita Jazmín, justo cuando su novio aparece en la habi-

VII. COMPRENSIÓN. ESTRELLA Y CARLA.

tación. Estrella lo sabrá después, pero el novio es el verdadero tratante. Las ganancias del trabajo sexual forzado paran en su cartera y Jazmín es sólo un mando medio en su organización. Pero, por lo pronto, luce temible y asesina. "A las niñas que no obedecen, las mató", gruñe. "Si quieres irte a tu casa, tráeme el dinero que te pido y tal vez te vas".

A las 9 de la noche del día siguiente de su secuestro, justo al transcurrir 24 horas, Estrella es llevaba a un bar irreconocible. La sorprende el olor a alcohol y tabaco, la música estridente y la mirada perdida de los clientes que observan con lujuria a jóvenes y mujeres con los ojos apagados. Jazmín busca a Carla, pero no la encuentra. Cuando pregunta por ella entre las otras chicas, una de ellas le pide que mejor se olvide de su prima; Jazmín y su novio operan en todo Veracruz, Puebla y Tlaxcala. "¡Quién sabe dónde la habrán aventado!".

El primer cliente explotador se sienta en su mesa. Estrella le revela su edad buscando compasión y protección. En lugar de eso siente asco cuando mira que ser menor de edad le dispara una erección a ese hombre.

***

Lo que Jazmín y su novio operan es un gran negocio de explotación sexual. Ambos consiguen credenciales de elector falsas para sus víctimas y las meten a bares cuyos dueños saben que se trata de menores de edad secuestradas. Hay un sistema de vigilancia que opera las 24 horas y que consiste en saber cada movimiento de las jóvenes: desde la cantidad de copas que ofrecen a los clientes a cambio de sentarse en sus piernas hasta las relaciones sexuales que tienen. Nada escapa a la vista de los vigilantes.

La banda tiene, además, una casa de seguridad. Cerca de los bares, detrás de una tienda de abarrotes, hay seis cuartos hacinados que rentan a una anciana, que está perfectamente enterada del uso que les da Jazmín y su novio. Las casas de seguridad son un secreto a voces en el pueblo incierto donde está secuestrada Estrella: vecinos, camioneros, policías, familias enteras, saben que las niñas de los bares están atrapadas en ese lugar.

Estrella, y las demás, trabajan 20 horas diarias por 15 días. Después, tienen derecho a 24 horas de descanso. Se bañan en los bares a falta de regaderas y camas en las casas de seguridad. En el mismo cuarto hacen sus necesidades, frente a todas, dejando orina y excremento en una esquina. Cuando les dan de comer, la comida está descompuesta. El agua para beber huele a caño. Soportan todo porque viven drogadas a la fuerza, ¿de qué otro modo aguantarían dos semanas enteras bebiendo, fumando, bailando, siendo violadas de bar en bar en, al menos, cinco giros negros distintos?

No hay persona en cada bar a quien Estrella no pida ayuda. Meseros, guardias, cocineros. Todos la ignoran. Cuando intenta pedir auxilio a una señora, creyendo que por ser mujer la ayudaría, su respuesta es "Jazmín sabe lo que hace". También suplica a los clientes, pero a ninguno le interesa verla como persona, sino como un objeto por el cual han pagado.

Así pasa un mes hasta que, intempestivamente, Estrella ve a Carla en el mismo bar que ella y se entera que había sido enviada a Minatitlán, Veracruz, pero la han regresado a Puebla para la inauguración de un bar. Se acerca, la abraza, la besa. Pero Carla ya no es la misma. Es fría, dura, delgadísima, llena de moretones. Apenas balbucea que es feliz, porque se ha enamorado de un hermano de Jazmín que la sacará de ese infierno. Carla no tiene corazón para decirle que es otro de los engaños que usa la banda para dominar a sus víctimas.

Estrella y Carla se distancian. La primera lucha por encontrar una escapatoria a su infierno; la segunda, está resignada. La única amiga de Estrella es otra adolescente que, cuando nadie las ve, la alienta a seguir su sueño: escápate, amiga, es mejor arriesgarte a que te maten a que pases, como yo, cinco años en este cautiverio.

***

Al cumplirse mes y medio de su secuestro, Estrella escapa. Observa una puerta abierta, un guardia distraído y un campo abierto por donde huir, así que corre hacia su libertad. Cuando ve una patrulla, ondea los brazos y gana su atención. Les dice que ha escapado de un largo secuestro y ruega su ayuda. Los policías le abren la puerta, le dicen que no se preocupe. Todo ha terminado. La patrulla arranca y da vueltas por el pueblo. Estrella siente un retortijón cuando el vehículo para frente al mismo bar de donde ha escapado. Un golpe la pone en el piso y cuando levanta la mirada ahí está Jazmín, furiosa. "No te puedes escapar. Aquí todos saben todo", le dice la tratante, "Vas a sufrir igual o más que yo".

La vigilancia se hace más dura después de su intento frustrado de escape. Y la violencia pasa factura por su cuerpo. Estrella empieza a creer que lo mejor es morir. Hasta que, una noche, Estrella roba un vaso de agua limpio, su mejor amiga ante la pregunta ¿quién tomó ese vaso? miente: yo fui; acto seguido Jazmín ordena golpearla salvajemente. La pequeña muere frente a todas y Estrella, inexplicablemente, siente un súbito deseo por sobrevivir y contar al mundo lo que allí sucede, ahora desea igualmente salvar a las demás, rescatar a su prima, así que afila la mirada, los oídos, cada sentido para buscar una oportunidad. Y la encuentra.

Detrás de un mueble viejo de uno de esos bares, Estrella encuentra una salida de emergencia sin cadena. No lo piensa más. Huye y evade a la policía. Corre tan lejos como puede hasta encontrar a una mujer que la saca del pueblo y luego encuentra a seis jóvenes que le pagan un boleto de autobús rumbo a la Ciudad de México. Ahí, confundida entre los 9 millones de habitantes, pide limosna hasta juntar suficiente dinero. Una mezcla de miedo y esperanza la asalta cuando deja caer sus monedas en una taquilla de autobuses y pide un boleto. "A Tepetlixpa, por favor. Sólo ida".

VII. COMPRENSIÓN. ESTRELLA Y CARLA.

* * *

En la esquina de la calle de su casa, todavía vestida con ropa de prostituta y con signos visibles de haber sido drogada, Estrella rompe en llanto. Las dudas le perforan la cabeza: ¿cómo miraría a mamá a los ojos?, ¿qué le diría?, ¿podría amarme sabiendo que tuve sexo con tantos hombres? Estrella sabe que, incluso explicando que había sido secuestrada, su mamá creería que todo lo ha hecho por su voluntad. Pero prefiere correr el riesgo y toca la puerta de su casa.

Mamá abre la puerta. Las dos lloran y se abrazan. La hermana se une al abrazo. Estrella pide bañarse y pasa dos horas bajo regadera porque se sentía sucia. Al salir del baño, toda su familia está reunida en la sala. ¿Dónde has estado?, ¿qué te hicieron?, ¿dónde está Carla?, ¿por qué estás tan golpeada?, ¿te fuiste con el novio?

Estrella no puede hablar. Llora, llora, llora.

* * *

Después de soltar el miedo en lágrimas, Estrella se llena de una digna rabia. Un odio útil. Un desprecio que la lleva a denunciar ante las autoridades los nombres de sus victimarios, la ubicación exacta de la casa de seguridad, los rótulos de los bares y las identidades de las víctimas con las que compartió secuestro.

Las autoridades hacen una redada en Puebla y

sorprenden a Jazmín, su novio y sus cómplices con drogas, dinero y niñas, entre ellas, Carla. Siete víctimas se atreven a denunciar a la banda. En pocas horas, los tratantes van a prisión. Pero aún falta mucho para que Estrella y Carla sientan que la justicia ha llegado.

Estrella intenta volver a la secundaria. Quiere dejar atrás su secuestro con fines de explotación sexual, pero el director se lo impide: le ordena que busque otra escuela porque su historia es un "mal ejemplo" para otras alumnas. El mismo rechazo lo siente en su pueblo con tanta dureza que intenta suicidarse tres veces.

Antes del cuarto intento de quitarse la vida, Estrella y yo nos conocemos, un 4 de Noviembre yo le llamo sin saber que ese día cumplía 15 años. Su mamá busca alguien que la entienda. Afortunadamente, para mí, nos encontramos en ese camino y hablé con Estrella por teléfono. Acordamos vernos y la conexión fue instantánea.

Estrella ingresa inmediatamente a Fundación Camino a Casa, donde recibe la terapia psicológica que tanto ha pedido. Luego de tres meses en el refugio, se convierte en usuaria de los programas que tiene Reintegra. Lo mismo le sucede a Carla.

La vida de Estrella da un giro por completo: viaja a Roma, habla en El Vaticano en una Cumbre contra la trata de personas, donde conoce a sobrevivientes de otros lados del mundo. En agosto de 2016, la Fundación Alas abiertas, que preside Karla de la Cuesta, le regala un coche. Y el gobierno

VII. COMPRENSIÓN. ESTRELLA Y CARLA.

del Estado de México le entrega una concesión para emplearlo como taxi e independizarse con el objetivo de pronto tener una flotilla.

Hoy, Estrella vive en Tepetlixpa. Llegaron otras noticias y los vecinos se olvidaron de su historia, aunque aún hay quien murmura a sus espaldas. En todo caso, ella no presta atención a las miradas ni a los rumores. Ha cambiado mucho: ahora es mamá de una niña de cuatro años y de un bebé de dos. Tiene familia, sueños, futuro.

Y lo más importante: una voz propia que resuena, imposible de no escucharla.

Escanea el código QR arriba con la cámara de tu teléfono celular para ver la historia de Estrella y Carla en video.

Mujeres y menores desaparecidas

La evidencia cuantitativa que habla sobre las desapariciones forzadas de menores y mujeres en México varía considerablemente dependiendo de la fuente. Según el registro nacional que lleva la Secretaría de Gobernación sobre personas desaparecidas, desde 2005 y hasta 2017 se reportaron 7 mil niñas y niños y 9 mil mujeres desaparecidas en México. Por otra parte, las organizaciones de la sociedad civil que se dedican al apoyo a las familias con hijas e hijos desaparecidos reportan que son entre 27 mil y 45 mil menores y 15 mil mujeres[1] con un índice de crecimiento exponencial de 974% en los últimos 4 años.[2] Otro dato escalofriante es que 7 de cada 10 menores desaparecidos son niñas.[3] El Registro Nacional de Datos de Personas Extraviadas o Desaparecidas, hasta abril de 2018, informa que el 80% de las niñas y adolescentes desaparecidas tienen entre 13 y 17 años.[4] Las redes de tratantes usan los secuestros de menores para alimentar la demanda que hay de consumo de sexo con niños y de trabajo infantil.

La Red por los Derechos de la Infancia en México recientemente publicó sus hallazgos relacionados a este tema, en donde comunican que, especialmente durante el sexenio de Enrique Peña Nieto, desaparecieron 4,980 menores, de los cuales el 62% son niñas. La Red asevera que el fenómeno se puede relacionar a variados factores, pero principalmente a los delitos de trata de personas, la explotación sexual, el tráfico de niñas y niños, así como al involucramiento creciente de grupos armados y delincuencia organizada. Entre los estados en donde predominan las desapariciones están el Estado de México y Puebla, que entre ambos acumulan el 40.5 % de las desapariciones infantiles del país durante el último sexenio. De forma paralela, los municipios que despiertan mayor preocupación son Puebla, Tijuana, Ciudad Juárez, Monterrey, Hermosillo, Toluca, Culiacán, Matamoros, Ecatepec, y Nezahualcóyotl, en ese orden de incidencia. La Red informa que, en cuestión de la procuración de justicia, el tercer tipo de delitos más común en contra de los derechos de las niñas y los niños son precisamente aquellos que atañen a su libertad personal.[5]

El estudio previamente citado de Troshynski y Blank[6] es enfático en apuntar que la demanda por actos sexuales con menores es el motivo detrás del crecimiento en el número de desapariciones. Es simple sentido común cuando se considera que el 90% de las mujeres prostituidas son víctimas de trata[7], y cuando se calcula que, de 500 mil mujeres prostituidas en México, solamente 50 mil "escogieron" prostituirse; mientras que el número de hombres sexualmente activos es de más de 38.5 millones (INEGI, 2015), de los cuales, según la organización El Pozo de Vida, el 17% son consumidores del "mercado" de la prostitución. Esto equivale a alrededor de 6.5 millones de hombres (sin contar a extranjeros). ¿Sería humanamente posible que 50 mil mujeres cubriesen la demanda de más de 6 millones de hombres? ¿De dónde, entonces, se consiguen las mujeres faltantes para llenar esta demanda? ¿De dónde se sacan las mujeres para satisfacer la creciente demanda de la compra de sexo con menores? Solamente puede concluirse que la trata es el suministro para la prostitución.[8]

México ha avanzado a pasos lentos; sin embargo, dos Leyes recientes —la Ley General de los derechos de las niñas, niños y adolescentes, publicada en 2014,[9] y la Ley General en materia de desaparición forzada de personas— así como la creación del Sistema Nacional de búsqueda de personas, publicada en 2017,[10] proveen en conjunto un cimiento seguro en el proceso de construir las políticas públicas que México necesita para abordar estos fenómenos, los cuales quebrantan el tejido social de manera contundente. No obstante, como en todos los casos, incluyendo la Ley general de trata, las palabras en el papel no son suficientes. Detrás de ellas debe haber voluntad política para actuar, primeramente, con presupuesto. Desafortunadamente los apoyos oficiales, en vez de incrementar, se han ido reduciendo. Las leyes sí han comprobado anteriormente ser motores del cambio cultural y social,[11] pero requieren de tiempo y verdadero compromiso político en su aplicación.

Referencias citadas

1. Arena Pública, "¿Cuántos niños desaparecidos hay en México? A ciencia cierta, nadie lo sabe", Arena Pública, 2017. https://www.arenapublica.com/.articulo/2017/06/05/5902 (Consultado el 12-sep-2019).
2. Católicas por el derecho a decidir, "Desaparición de las mujeres: una realidad en México", La Jornada, 2018. http://letraese.jornada.com.mx/2018/02/28/desaparicion-de-las-mujeres-una-realidad-en-mexico-5576.html (Consultado el 12-sep-2019).
3. Zamora Mendieta, H. "Desaparición de mujeres de 15 a 17 años subió 974 por ciento en cuatro años", Cima noticias, Ciudad de México 24 de febrero de 2017. https://www.cimacnoticias.com.mx/noticia/desaparici-n-de-mujeres-de-15-17-os-subi-974-por-ciento-en-cuatro-os (Consultado el 12-sep-2019).
4. Secretariado Ejecutivo del Sistema Nacional de Seguridad Pública, Registro Nacional de Datos de Personas Extraviadas o Desaparecidas RNPED, 2014-2018. https://www.gob.mx/sesnsp/acciones-y-programas/registro-nacional-de-datos-de-personas-extraviadas-o-desaparecidas-rnped.
5. Red por los Derechos de la Infancia en México REDIM, "Balance anual 2018, análisis de coyuntura", 2018 http://derechosinfancia.org.mx/documentos/Balance_Anual_2018_2.pdf (Consultado el 12-sep-2019).
6. Troshynski y Blank, "Entrevistas con tratantes", Percepciones, 2003/2014. https://cap-press.com/pdf/heil%20nichols%20online%20chapter%2001%20Troshynski.pdf.

7. Fundación Scelles, "Prostitution: Exploitation, Persecution, Repression", Economica, (2016): 277 - 282. http://www.fondationscelles.org/pdf/RM4/1_Book_Prostitution_Exploitation_Persecution_Repression_Fondation_Scelles_ENG.pdf (Consultado el 14-jun-2019).
8. Szil, P. "El papel de los hombres en la prostitución". Discurso presentado en Jornada de formación sobre Prostitución y mutilación genital femenina, otras formas de violencia de género en España, Aragón. 2015. https://www.youtube.com/watch?v=f1kLIBLTYjw (Consultado el 12-nov-2017).
9. Diario Oficial de la Federación, Ley General de los Derechos de Niñas, Niños y Adolescentes, y Ley General de Prestación de Servicios para la Atención, Cuidado y Desarrollo Integral Infantil. Ciudad de México, 4 de diciembre de 2012. http://www.dof.gob.mx/nota_detalle.php?codigo=5374143&fecha=04/12/2014.
10. Diario Oficial de la Federación, Ley general en materia de desaparición forzada de personas, desaparición cometida por particulares y del sistema nacional de búsqueda de personas, Ciudad de México, 17 de Noviembre de 2017. http://www.diputados.gob.mx/leyesbiblio/pdf/lgmdfp_171117.pdf.
11. Chatterjee, Subham, "Is Law really an instrument of Social Change?" Law Corner, 2019. https://lawcorner.in/is-law-really-an-instrument-of-social-change/ (Consultado el 12-sept-2019).

VIII. Familia.
Karla Jacinto.

Este día te llamarás Karla Jacinto. Te violarán más de 43 mil veces, empezando a los 5 años, y la violencia sexual se intensificará cuando cumplas 12 años. Sufrirás todos los delitos imaginables siendo muy pequeña —abuso físico, abuso sexual, golpes, secuestro, pornografía infantil, extorsión, amenazas— pero también te alzarás más allá de lo que muchos creían posible. Lograrás pasar de víctima a sobreviviente y, luego, a una de las activistas más claras y potentes contra la trata de personas.

Tu trayecto no será fácil. Nacerás en la Ciudad de México en medio de una casa donde la violencia repta por las paredes. Tendrás mamá abusiva y un padre indulgente con los golpes. Antes de tener edad para entrar a la primaria, sufrirás un abuso sexual del cual no quieres acordarte mucho, pero que abrirá en tu amorosa personalidad una herida amarga que te hará hosca y desconfiada, lo que terminará por dañar la relación con tu madre.

La irreparable herida del abuso sexual, y la incapacidad de tu familia para detenerlo durante varios años más, te hará fumar las colillas de cigarro que te encuentres en la calle a los 8 años. Beberás alcohol a los 9. Te será imposible concentrarte en la escuela y reprobarás tantas materias que sustituirás la mochila por un par de patines con los que vagas por la zona de Pino Suárez.

Ahí conocerás a Gerardo y su lengua mentirosa que te jurará que tiene 22 años, que nació en Puebla, que se dedica a comprar y vender autos y que, como tú, tiene una familia violenta y problemática. Sentirás empatía y lo abrazarás. Le darás tu número telefónico. Esperarás su primer mensaje y sentirás amor —o eso que crees que es amor— cuando te invite a tomar un helado y pasear. Aceptarás. Y lo harás varias veces más hasta que Gerardo te diga que la Ciudad de México le aburre y que mejor te enseñará lo bella que es Puebla. Tu rebeldía te hará aceptar. Y te sentirás, aunque seas sólo una niña a punto de empezar la secundaria, libre, independiente, poderosa, viajando sola con tu novio hasta otro estado del país y a escondidas de tu mamá.

Una niña como tú, quien nació de una casa precaria, se sorprenderá con el carro que Gerardo guarda dentro de su casa en Puebla: un Trans Am del año, rojo, poderosamente brillante. También te deslumbrará la familia unida de tu novio, sus primos, quienes te confesarán que nunca han visto así de enamorado a Gerardo. Y tú, por supuesto, sentirás mariposas en el estómago.

Esa noche, a los 12 años, Gerardo te pedirá matrimonio. Te dirá que la edad es sólo un número, que está convencido de que son uno para el otro.

VIII. FAMILIA. KARLA JACINTO.

Sentirás miedo, pero no el suficiente para apartarte. Después de un regaño de tu mamá por llegar tarde a casa, y de creer que estás lista para ser esposa de un hombre aparentemente, dirás que sí.

Sí, Gerardo, me casaré contigo.

* * *

En tu vida como niña esposa tendrás todo lo que has querido. No cocinarás, no lavarás, no harás nada más que sentirte dueña de esa casa en Puebla que ahora sientes como tu casa y soñar con el día en que seas tú la que esté detrás del volante de ese hermoso auto convertible rojo.

Pero el sueño durará poco. Gerardo desaparecerá días completos de la casa y tu verás, desde la ventana, cómo sus primos, tus vecinos, reciben todos los días a mujeres sospechosas. Le preguntarás a tu nuevo esposo qué sucede y él confesará, sin rubor, que sus primos son tratantes de personas. "¿Qué es eso?", le preguntarás. Y su respuesta te dará calma: "Se dedican a cuidar chicas que se prostituyen, pero tú no tienes que hacer nada de eso".

Le creerás. Pero sólo un tiempo. Pronto, Gerardo te dirá que el dinero escasea y que necesita que trabajes. Tú le ofrecerás hacer limpieza en casas, lavar ropa de otros, cocinar para los vecinos. Y él dirá que no, que ya decidió por ti: serás prostituida, te guste o no.

Llorarás. Gritarás. Te negarás. Y nada de eso te servirá para escapar del plan que Gerardo trazó para ti: tendrás una credencial de elector falsa y te hospedarán en un hotel. O sabrás lo que es aguantar la rabia de Gerardo. Una mujer, la Morena, aparecerá en tu cuarto y sacará un condón. Sentirás asco cuando te explique cómo ponerlo en el pene de los clientes explotadores, las posiciones en las que debes doblar tu cuerpo de niña, tu tarifa como si fueras un objeto y el tiempo.

Querrás reclamar tu cuento de hadas. Decirle que se trata de un error, que tu habías aceptado casarte y huir de casa para tener una vida feliz, plena, libre. Pero nadie te escuchará. Y verás, aterrada, a tus 12 años, como tu primer cliente abre la puerta del cuarto donde estás encerrada, te sonríe, cierra la puerta...

***

Entenderás pronto que ser una niña, en este negocio ilegal, es casi una sentencia de muerte. Los clientes sabrán que eres menor de edad, te verán llorar, suplicar, pero no se detendrán. Verás como tu cuerpo se marchita y que ningún maquillaje tapa esa hinchazón que produce un llanto desconsolado. Además, sabrás que Gerardo te vigila con policías que te acusan por todo, como sonreír a un cliente o tardar más de dos minutos con él, lo que se castiga con una golpiza o algo peor.

Sabrás de otras niñas como tú en cuartos vecinos de hotel. A las que las obligan a comer su vómito. A las que las queman con planchas. Las dejan

VIII. FAMILIA. KARLA JACINTO.

días sin comer. Las apalean hasta romperles las costillas. A las que un día las castigan y nadie vuelve a saber de ellas. Entonces, no harás otra cosa más que obedecer para salvarte.

Gerardo te enviará a Irapuato como esclava sexual. Luego, llegarás a la Ciudad de México. Y eventualmente terminarás en Puebla. En cada estación sentirás que has conocido el infierno. Sabrás que, para cumplir la cuota exigida, deberás forzar tu cuerpo hasta 18 horas diarias, aunque te golpeen, te humillen, te muerdan y sobrevivas a tres intentos de homicidios por hombres que ven en el sufrimiento de una menor de edad un irresistible afrodisíaco, que luego llevarían a la cama con sus esposas y a la casa con sus hijos.

A los 14 te embarazarás por primera vez. Abortarás. Y te embarazarás de nuevo. Sentirás un poderoso instinto maternal que tus captores cortarán de tajo cuando te quiten al bebé y lo usen como rehén en tu contra, por si decides escapar.

Perderás la noción del tiempo. Los meses te parecerán días. Los años, apenas unas semanas. Verás desfilar por las habitaciones de hotel que ocupas a todo tipo de clientes: estudiantes, obreros, sacerdotes, delincuentes, hipócritas padres de familia y francos depravados. Un día estarás cerca de que la suerte te toque con un operativo dentro del hotel donde estás cautiva, pero los policías federales sólo rescatarán a unas cuantas y a ti te abandonarán en ese hoyo, sólo después de violarte y de fotografiarte desnuda.

Sentirás esa amarga urgencia por morirte. Te sentirás sola, abandonada, como si todo el tiempo tuvieras sed y lo único que te ofrecieran las personas fueran vasos con agua salada.

Creerás que nadie te ayudará... hasta que conozcas a ese hombre maravilloso, José Víctor Calvario Becerra, un hombre mayor que pagaba para estar contigo, pero que no buscaba sino compañía. Él te repetirá, una y otra vez, que mereces otra vida y te animará a escapar. Meses después, te ayudará a planear tu escape: te pedirá que le preguntes a Gerardo cuánto cuesta el permiso de un día libre y él te regalará la mitad. Tu deberás conseguir el otro 50% por tu cuenta, a escondidas.

Un día, habrás conseguido esa suma que parecía inalcanzable. Gerardo, feliz con ese fajo de billete ofrecido, hasta te entregará a tu hija. "Te quiero de regreso. Si no regresas, te encuentro; te encuentro porque te encuentro y te mueres con todo e hija", te amenazará tu esposo. Y tu dirás, muy seria, que sí, que cómo no volverías, que sólo quieres 24 horas de libertad y volverás al calabozo.

Te despedirás de Gerardo. Darás la vuelta en la calle. Irás a la terminal de autobús y comprarás un viaje a la Ciudad de México. Jamás volverás.

***

A tus 16 años, un 11 de noviembre, dos días después de escapar, llegarás a la Fundación Camino a Casa. Te recogerá un tal Germán Villar en la Procuraduría General de Justicia del entonces Distrito Federal. Llegarás al refugio con tu niña en brazos y así conocerás a Rosi Orozco y el resto de las consejeras.

Harás cuentas de tus años en cautiverio. Del número aproximado de clientes. Y tu suma dará unas 43 mil violaciones. Y sentirás odio. Muchísimo, tanto que siempre estarás enojada. Ya en el refugio, golpearás paredes, gritarás todo el tiempo, llorarás inconsolablemente, incluso llegarás a descuidar a tu hija, a la que amas tanto.

En contraparte, conocerás el amor incondicional más sorprendente de todos: el de los extraños que dan todo por desconocidos. Te verás rodeada de cariño, paciencia y de un nuevo esquema de atención a víctimas que pondrá tu salud mental en lo alto de las prioridades. Aprenderás jardinería, y meter las manos en la tierra hará algo mágico en ti. Terminarás la primaria. También la secundaria. Te sorprenderá que, con las heridas emocionales tapadas con amor, eres una excelente estudiante.

Comenzarás a crecer. Tus heridas sanarán. Tendrás tu primer trabajo. Tu primer sueldo. Tus primeras noches sin pesadillas. Te ganarás el cariño y admiración de cientos de personas. E, incluso, lograrás que José Víctor, tu rescatista, reciba un homenaje póstumo en la Cámara de Diputados.

Y, entonces, llegará el activismo a tu vida. Querrás dedicarte a prevenir que otras niñas, niños y jóvenes caigan en las redes de la trata de personas. Estudiarás noches completas, practicarás frente al espejo cómo hablar ante un auditorio, te moldearás como una líder. Y al poco tiempo compartirás tu historia, valiente, frente a las cámaras de televisión, pese a que Gerardo sigue libre. No te detendrás. Ofrecerás conferencias y talleres en Unidos Vs. Trata y Sin Trata. Lo harás en México, Panamá, Emiratos Árabes, India, Reino Unidos, Argentina y el Vaticano durante la Cumbre de Alcaldes del Mundo en 2015. Y tus palabras inspirarán la aprobación de las reformas a la Ley Megan, que protege en Estados Unidos a menores víctimas de abuso sexual.

Serás la imagen de Fundación Camino a Casa. Pero más que una estampa, serás un engranaje vital para la organización. Y tendrás una responsabilidad enorme: relacionarte con las chicas que actualmente se encuentran allí y acompañarlas en su proceso. De sobreviviente a sobreviviente. Moverás fibras, empujarás cambios, hablarás por aquellas que no pueden hacerlo y te prepararás para liderar la nueva generación de activistas contra la explotación sexual.

Te violarán más de 43 mil veces empezando a los 5 años. Pero te levantarás 44 mil. Porque te llamas Karla Jacinto.

VIII. FAMILIA. KARLA JACINTO.

Escanea el código QR arriba con la cámara de tu teléfono celular para ver un reportaje en video sobre las experiencias de Karla.

Abuso sexual infantil

Los números oficiales informan que una de cada cuatro víctimas de abuso sexual en México es menor de edad; sin embargo, la realidad es que el 83% de las mujeres prostituidas en dicho país fueron reclutadas a través de manipulaciones, engaños o coacción antes de los 18 años. Cuando nos apoyamos en el índice de vulnerabilidad, es importante reiterar, como lo hemos hecho varias veces en este libro, que son las mujeres y las niñas las que sufren el mayor riesgo de caer en las garras de la trata, más aún cuando han sido víctimas de abuso físico o sexual durante su niñez.[1] La verdad es que la pobreza es un problema social que necesita ser encarado responsablemente en México, pero el abuso sexual infantil es una grave depravación social que debe ser erradicada antes de siquiera pensar que podemos prevenir la trata. La OCDE ha nombrado a México el país número uno en el mundo en cuanto a abuso de su población infantil, estableciendo el número en 4.5 millones de niños y niñas que a la fecha sufren abuso físico y sexual en territorio mexicano.[2]

La Ley Megan Internacional en los Estados Unidos fue aprobada en 1994 en memoria de Megan Kanka, una niña de 7 años que fue violada y asesinada por Jesse Timmendequas, un predador sexual que se había mudado a su comunidad meses atrás. Esta Ley requiere que los ofensores sexuales se registren con las autoridades quienes, a través de una página web, informan a los vecinos si algún predador sexual vive en su colonia. De esta manera, la comunidad es alertada a los posibles peligros y tiene la oportunidad de tomar medidas para proteger a sus hijos. Lamentablemente, en México, la mayoría de los casos de abuso sexual no se deben a perpetradores ajenos a la víctima; muy por el contrario, se estima que el "60% del abuso sexual es cometido en el hogar de la víctima, de las cuales 4 de cada 10 son menores de 15 años".[3]

En 2015, el congresista Christopher Smith invitó a la mexicana Karla Jacinto, cuya historia acabas de leer, a declarar en el Congreso de Estados Unidos para contar su experiencia como víctima de trata, fortaleciendo de este modo el argumento sobre que también los países necesitan ser notificados si un predador sexual, viajando desde los Estados Unidos, cruza sus fronteras. Karla testificó el hecho de que muchos de sus "clientes" eran estadounidenses que viajaban a Irapuato con el sólo propósito de tener relaciones sexuales con menores de edad. Instó al Congreso a levantarse a combatir fuertemente la venta internacional de niñas y niños que destruye vidas de manera cotidiana. A principios del 2016, el Presidente Obama ratificó la iniciativa de la Ley Megan Internacional, que obliga a los Estados Unidos a reportar cuando un predador sexual cruce sus fronteras.

La Organización Mundial del Turismo y Migración asevera que 600 millones de personas viajan alrededor del mundo cada año, y 20% de estos viajes tienen por propósito el turismo sexual; a su vez, de este grupo el 3% confiesa tener tendencias pedófilas; lo cual equivale a decir que 3 millones de personas viajan alrededor del mundo con el propósito específico de violar a una niña o a un niño. La gravedad y pertinencia de la aseveración previa se debe a que México está considerado por los mismos organismos internacionales como el país número dos en el mundo en cuanto a turismo sexual, sólo después de Tailandia.[4]

Referencias citadas

1. Wright Clayton, E. Krugman, Simon, P. "Confronting Commercial Sexual Exploitation and Sex Trafficking of Minors in the United States", 2013. Institute Of Medicine and National Research Council of the National Academies. The National Academies Press, Washington, D.C. https://www.nap.edu/read/18358/chapter/3
2. Senado de la República XLIV Legislatura, Coordinación de comunicación social, 2014 http://comunicacion.senado.gob.mx/index.php/periodo-ordinario/boletines/15298-mexico-primer-lugar-de-la-ocde-en-maltrato-infantil-senador-martinez-martinez.html.

3. Alumbra, Early Institute,. "El diagnóstico de la situación del abuso sexual infantil en un contexto de violencia hacia la infancia", 2018. https://www.dropbox.com/sh/urr6iptpndjrfom/AAAVzr3pMZehMfYY-HY5_Gkga?dl=0&preview=Diagn%C3%B3stico+Alumbra+ASI+-+Early+Institute+.pdf.
4. Blanca Ivonne Olvera Lezama, "Turismo Sexual Infantil". Editorial Flores, Ciudad de México. 2013.

IX. Música.
Luis Armando.

Un mensaje aparentemente inofensivo recorre Facebook como una línea de pólvora. Quien lo viera no sospecharía el sufrimiento que esconde. La fotografía que acompaña al texto es la de un joven sonriente, afable, de unos 16 años, quien mira la cámara mientras está sentado en algún estudio fotográfico, descalzo, con una guitarra en la mano. Una estampa como para adornar la portada de un disco de música. Arriba de la imagen está el nombre de ese adolescente, Luis Armando; su incipiente oficio, cantante; y la promesa de que contratarlo para tu "evento especial" será inolvidable.

Cualquier persona pensaría que es la promoción de un joven artista que quiere abrirse paso en el mundo del espectáculo. Alguien que siendo muy joven descubrió su vocación por el canto y que está determinado a conquistar los escenarios paso a paso, poco a poco, un evento pequeño a la vez.

Pero los que saben las reales intenciones de esa publicación, entienden que no están promocionando su canto; sino que el joven está siendo prostituido. El número telefónico que aparece en la publicación para reservar sus presentaciones es, en realidad, un número para apartar un encuentro sexual con el menor de edad. El "evento especial" no sucederá en algún restaurante, bar o plaza pública, sino en la habitación de hotel o casa de algún pederasta que conoce y paga al promotor del joven cantante, un tal Mario, un tratante disfrazado de *manager* de niños artistas.

El mensaje no sólo esconde el hecho de que, esa misma noche, Luis Armando, de 16 años, será obligado a desnudarse frente a un hombre al que poco le importa su talento. También oculta una terrible realidad difícil de percibir a simple vista: los hombres también son víctimas de trata de personas.

***

Armando es chico de talentos natos. De esos que, de volver a nacer, seguro repetirían esa habilidad con la que llegaron al mundo y que afinaron desde muy corta edad con arduo trabajo. En su caso fue el canto. La vida le regaló una voz potente, prístina, con una tesitura cálida que lo hizo destacar muy pronto en el coro de su escuela de música y que lo acercó a Televisa del Golfo, en su natal Tampico, Tamaulipas, cuando apenas tenía 12 años.

El niño quedó prendado de los sets de televisión. Las cámaras, las luces, los micrófonos. La posibilidad de tocar a miles de personas con su voz. Pisaba un escenario y sentía una descarga de electricidad que le recorría el cuerpo. Cuando participó en un musical, y vio como su diafragma cosechaba aplausos y emociones, le quedó claro que la tarima era su lugar en el mundo.

A los 15 años, todo lo que Luis Armando quería era acabar la preparatoria y abrirse camino hasta los estudios de canto. Lo deseaba tanto que cuando le llegó un mensaje por Facebook de un tal Mario, quien se presentó como productor de revistas musicales, creyó que él había atraído con su energía esa invitación a participar en su academia de talento.

La mamá de Luis Armando compartió el entusiasmo de su hijo. Lo apoyó para que entrara y formara parte de los grupos de canto. Mario, el productor, sólo tenía elogios para la voz de su pupilo. Su talento gustó tanto que rápidamente aparecieron ofertas para cantar en plazas de Madero, Tampico y Altamira, así como en fiestas privadas y eventos culturales. Los dos, adulto y adolescente, comenzaron a construir la carrera artística de Luis Armando como cantante solista de balada y pop. El sueño se materializaba.

Pero una desgracia cambió todo. La mamá de Luis Armando fue secuestrada en Tamaulipas. Luego de pagar el rescate, el grupo criminal que la tuvo cautiva exigió que se fuera del estado, así que la señora huyó a Nuevo León. Esto obligaría a Luis Armando a dejar las clases y truncar lo que lucía como un buen comienzo en su carrera artística.

Ante la posibilidad de perder a Luis Armando, Mario actuó pronto y se ofreció a compartir su casa con él. Aprovechó la buena relación con la mamá para obtener su permiso. Le aseguró que él se haría cargo de Luis Armando y que lo cuidaría como el hijo que nunca tuvo. El talento del adolescente, suplicó, no podía perderse. Luis Armando, y su mamá, aceptaron emocionados.

Al principio, todo iba bien. Al joven le entusiasmaba su nueva independencia y la atención personalizada del productor, quien lo entrenaba exhaustivamente. La intensidad de las lecciones, creyó Luis Armando, eran porque Mario estaba convencido de sus habilidades. Pronto sería una estrella.

Hasta que un día, Mario lo citó en una de las casas de la academia, una hora antes de los ensayos. Cuando llegó, lo sorprendió con una extraña petición: que se quitara los tenis, las calcetas y dejara que su maestro le besara los pies. Una sensación de culpa, intensificada por el agradecimiento que sentía hacia Mario, hizo que el adolescente accediera.

A partir de entonces, todo cambió. El departamento en que Luis Armando vivía solo, pagado por Mario, pronto lo tuvo que compartir con el productor. La relación alumno y maestro pronto se tornó en una amistad peculiar que adquiriría tintes de una relación amorosa y enfermiza. A ratos, Mario parecía más un novio celoso que un manager: revisaba la mochila de Luis, cuidaba que nadie le hablara y lo obligaba a ceder a sus caprichos, como amarrarlo a la cama de pies y manos y abusar sexualmente de él.

Un día, Mario encontró en el celular de Luis Armando los mensajes que se enviaba con una chica con la que estaba saliendo. El hallazgo enfureció al productor. Los tocamientos falsamente cariñosos se volvieron francamente violentos. La relación se tornó la de un esclavo y su amo. Luis Armando era sometido a sesiones de abuso sexual de dos a tres horas. Lo obligaba a ver pornografía y, excitado, lo forzaba a penetrarlo.

Luis Armando calló. Lo hizo por vergüenza y porque Mario lo dominaba consiguiéndole presentaciones como cantante. Tal vez, pensó, algún día me vuelva tan famoso y gane tanto dinero que podré escapar de sus abusos. Pero el adolescente no veía un peso. Todo el supuesto dinero que ganaba con su voz, Mario lo tenía guardado en un lugar invisible.

Cuando Luis Armando amagaba con renunciar a la academia, pero no a su sueño de cantar, Mario regresaba a las amenazas. Le juraba que, si lo abandonaba, usaría sus contactos para vetarlo de cualquier medio. Resignado, Luis Armando aceptó tolerar sus abusos emocionales y sexuales.

Una tarde, Mario le pidió participar en su primera sesión fotográfica para, según él, fortalecer su carrera como artista. Le ordenó quedarse semidesnudo con el argumento de que el sexo vende en la industria musical. Así, lo retrató en poses sugerentes. A los pocos días, esas fotografías circularon en Facebook por los perfiles de cientos de pedófilos de la zona. No tardó mucho tiempo antes de que Mario ordenara a Luis Armando acompañarlo hasta Reynosa, Tamaulipas, donde un cliente había pagado por amarrarlo y abusar de él.

Luis Armando no sabe cuántas veces fue prostituido forzadamente por Mario. Sólo sabe que en poco tiempo el productor lo "promocionó" no sólo en Tamaulipas, sino en Nuevo León, Ciudad de México y Veracruz. Y que los clientes eran cada vez más violentos. Lo amarraban para hacerle cosas terribles, dolorosas, humillantes. Todo el dinero, juraba Mario, estaba acumulándose en un fondo para maquilar su primer disco. Según el productor, así funcionaba la industria. Si Luis Armando se quejaba o amagaba con renunciar, Mario amenazaba con acusar a su mamá de robo y meterla a prisión.

Pero el talento de Luis Armando seguía intacto. Pese a los abusos, su voz seguía siendo privilegiada. Un día, el director musical de un grupo se acercó directamente a él para decirle que conocía su historia y lo que estaba pasando con Mario. Le ayudaría pagándole directamente, y no al productor, por una presentación de canto. Y eso, tener su propio dinero, empoderó a Luis Armando para que al cumplir 18 años hiciera lo impensable: abandonar a Mario.

"Haz conmigo y con mi familia lo que quieras, pero yo no aguanto más este infierno. No quiero trabajar ni estar contigo, voy a buscar mis propias oportunidades para seguir mi carrera", le gritó. Y ante el pasmo del productor, se fue y buscó refugio en su mamá y su familia.

En 2014, Luis Armando llegó al reality show La Voz México y formó parte del equipo de la cantante Yuri. A miles de kilómetros de distancia de Mario, se sintió a salvo. Pero ni así cedió el acoso. Un día, la abogada del programa lo llamó a su oficina para preguntarle quién era ese insistente hombre que preguntaba por él. Luis Armando confesó que era su manager, pero que ya no tenía contacto con él. La abogada le exigió deslindarse de él públicamente porque desde el norte del país Mario pedía dinero a sus contactos, a nombre de Luis Armando y La Voz México, para supuestamente cubrir sus gastos personales.

Aquel deslinde arreció al monstruo. Mario, furioso, inició una guerra de desprestigio contra Luis Armando en redes sociales. Como un animal herido, atacó lo que pudo: su orientación sexual, su reputación, a su mamá, su abuela y hasta la esposa con quien el joven cantante había contraído matrimonio recientemente.

Lo peor: Mario atacó publicando las fotografías íntimas de Luis Armando. Lo exhibía desnudo, amarrado, en la cama con los clientes. El dolor, la rabia y la vergüenza eran tan inocultables para el joven cantante durante su participación en el programa de televisión, que Yuri notó su angustia y le prometió presentarlo conmigo.

Gracias a la valentía de Luis Armando, logramos iniciar en 2017 una denuncia penal contra Mario. Fue un trabajo arduo: entregar pruebas, buscar testigos, recordar cada detalle para presentarlo como parte del juicio en el que el trabajo responsable y comprometido de las autoridades en Ciudad Victoria, Tamaulipas, fue decisivo.

A Mario lo detuvieron en la central camionera de Tampico, cuando iba a viajar a la Ciudad de

México a trabajar con otros niños en un musical. Lo sorprendieron mientras esperaba el autobús con el rostro desencajado cuando le leyeron que estaba detenido por trata de personas. Hoy, ese tratante con alma podrida de artista se encuentra en el Penal de Altamira, Tamaulipas, uno de los más duros del país, y acaba de ser sentenciado a 25 años de cárcel por los delitos de violación y trata de personas.

Luis Armando, por el contrario, vive en la ciudad de México con su esposa y su bebé fruto del amor, en un departamento temporal que Comisión Unidos vs. Trata consiguió para él, junto con terapia psicológica.

Desde ese lugar, a salvo de Mario y los demonios que desató, Luis Armando practica su canto todas las mañanas. Su vocación sigue intacta. Ningún abuso fue lo suficientemente desgarrador para alejarlo de la música. Aún sueña con escenarios repletos, con aplausos atronadores, con luces que lo enfocan y él, al centro de la tarima, entregándose ante un público que se rinde ante su talento. Para eso, sigue estudiando. Él no lo sabe, pero, si acaso fuera posible, su voz ha mejorado. Su tono ahora es más contundente, más potente y más claro.

Él dice que son los años de práctica. Los demás estamos de acuerdo, pero también sabemos que su voz ha mejorado por una poderosa razón: la voz de Luis Armando ha mejorado con la libertad.

IX. MÚSICA. LUIS ARMANDO.

Escanea el código QR arriba con la cámara de tu teléfono celular para ver un reportaje en video sobre las experiencias de Luis Armando.

Los hombres también son víctimas de trata

En el reporte global de Trata de personas de la UNODC, se manifiesta que, entre 2004 y 2016, la detección de víctimas varones de este delito incrementó drásticamente. En Norte y Centro América, el promedio de víctimas varones es del 18%, mientras a nivel mundial es del 25%. La mayoría son explotados en trabajos forzados y otras formas de explotación laboral, aunque, cada vez más, aumentan los casos de hombres forzados a participar en actos delictivos por el crimen organizado. Cuando se habla de explotación sexual, siguen siendo las mujeres y las niñas las víctimas que prevalecen, aunque en el 4% de los casos son niños los que se ven victimizados. La edad promedio de los varones victimizados en la trata por explotación sexual es de 11 años.[1]

La Asociación Psicológica Americana publicó hallazgos relacionados a la vulnerabilidad de los varones a caer víctima de las redes de trata; descubrieron que la incidencia mayor existe en relación con la necesidad emocional que se forma por el abandono y el rechazo. Los tratantes, al igual que con las mujeres, buscan llenar esa necesidad ofreciendo amistad, acogimiento y acompañamiento que rápidamente evolucionan en un compañerismo que involucra el uso de las drogas y el alcohol. También predominan los casos en que los tratantes se convierten en los pseudo padres de los jóvenes, haciendo aún más estrecha la relación que después es difícil de romper por la lealtad existente entre ambos.[2]

En los últimos años, México ha puesto mayor atención a las redes de tratantes que venden a varones. En 2017, Unidos Vs. Trata abrió el primer refugio para varones en todo el continente; unos meses después, Estados Unidos abrió dos refugios pequeños en Carolina del Norte y Florida. En nuestro refugio, niños de edades entre 8 y 14 años viven con sus cuidadores de tiempo completo, quienes les proporcionan amor, acompañamiento y apoyo durante su camino hacia la restauración y sanidad. Reciben terapia psiquiátrica y psicológica, educación, atención médica, acompañamiento legal, y participación en actividades deportivas. Como lo hicimos en su momento con las niñas, estamos aprendiendo sobre la marcha cómo dar el mejor acompañamiento a estos niños que bajo otras circunstancias serían fácilmente abandonados por el sistema.

Lo que hemos descubierto es que hay mucho estigma intrincado en el tema, ya que los estereotipos sociales hacen difícil vislumbrar a un varón como víctima sexual. La idea de que un varón debe ser capaz de defenderse nubla la capacidad para comprender que ellos también puedan ser coaccionados y engañados. Hemos constatado que los varones desarrollan una falta de confianza en quienes les intentan ayudar al comienzo del proceso; pues han dependido tan arraigadamente de sus tratantes para llenar todas sus necesidades emocionales, que se sienten violados por haber sido separados de aquello que a pesar de causarles dolor les otorgaba una sensación de seguridad. Estas mentalidades relacionadas a la hombría obstaculizan el avance si no se cuidan. El trabajo con los varones debe incluir el refuerzo de la identidad, la resiliencia, el amor incondicional, la responsabilidad equilibrada y la educación. Hemos encontrado que la participación en los deportes apoya de manera considerable a la recuperación. Al crear oportunidades de triunfos y éxitos van construyendo una confianza en sí mismos, desarraigando así aquello que los ataba emocionalmente al tratante.

En realidad, no existen protocolos "oficiales" de atención a víctimas varones de explotación sexual. Los estamos escribiendo conforme los vamos viviendo, ya que el problema de falta de atención a esta población es global, y tenemos pocas referencias. El manual se va redactando conforme a cada nueva sonrisa, y el conocimiento se va construyendo al despertar de cada nuevo sueño. La turbulencia emocional va cediendo terreno ante el ambiente familiar que las personas encargadas del refugio proveen para estos adolescentes y niños. Un nuevo refugio para varones se ha abierto recientemente en Tijuana, dirigido por la Red Binacional de Corazones, quienes también trabajan con los hermanitos de las niñas víctimas de trata que viven en sus otros

Figura I-2

Tratómetro

Refugios especializados en la atención
a víctimas de trata de personas

Con refugio	*Convenio con otros refugios*	*Sin refugio*
Baja California	Coahuila	Baja California Sur
Colima	Michoacán	Campeche
Ciudad de México	Morelos	Chihuahua
Chiapas	Tlaxcala	Durango
Estado de México	Tabasco	Guanajuato
Puebla		Guerrero
		Hidalgo
		Jalisco
		Nayarit
		Nuevo León
		Oaxaca
		Querétaro
		Quintana Roo
		San Luis Potosí
		Sinaloa
		Sonora
		Tamaulipas
		Veracruz
		Yucatán
		Zacatecas

Fuente: Comisión Unidos vs. Trata, 2019

refugios. Muchos más refugios son necesarios para dar respuesta cabal a la demanda de apoyo a las víctimas. Es nuestro sueño que más personas se levanten a hacer frente a esta gran necesidad hasta lograr por lo menos un refugio en cada estado para niñas y otro para niños.

Referencias citadas

1. Oficina de las Naciones Unidas Contra la Droga y el Delito, "Reporte Global de Tráfico de Personas". Febrero de 2009 http://www.unodc.org/documents/Global_Report_on_TIP.pdf (Consultado el 12-sept-2019).
2. Fairley Raney R., "Unseen victims of trafficking." American Psychological Association. Volumen 48, No. 24. Pg 22. abril, 2017. https://www.apa.org/monitor/2017/04/sex-trafficking.

X. Justicia. Madaí.

En aquella temporada que conocí a Jorge, el verano de 2010, yo vivía con mi hermano en Acayucan, Veracruz, y estudiaba el segundo semestre de la licenciatura en Psicopedagogía Educativa. Mi condición de chica universitaria me hizo creer que la trata de personas nunca me rozaría. Creía que eso era algo que sólo le sucedía a niñas y mujeres indígenas sin estudios. Estaba equivocada.

Una noche, me senté en la calle a esperar a mi cuñada. De repente, se acercó un hombre para preguntarme, con una voz gruesa y tranquila, si sabía dónde iba a ser el baile. Le respondí que no sabía nada de qué me estaba hablando y él sonrió. No se detuvo en su coquetería. Enseguida, me preguntó mi nombre y mi número de teléfono y yo, sin desconfiar, se los di.

Cuando recuerdo ese primer encuentro, en mi mente Jorge aparentaba veinticinco años, vestía ropa deportiva y fumaba un cigarro. También recuerdo que sentí un miedo incomprensible a su lado. Un miedo que, sin duda, debí tomar en cuenta en los años siguientes.

***

Una noche, cerca del parque de Acayucan, sonó el celular. "Soy Jorge, el que conociste ese día...", me dijo. Su tono de voz me inspiró confianza. Yo estaba aburrida y su plática me hizo compañía. Jorge contó que vivía en Puebla con su familia, que sus abuelos tenían un rancho en Guadalajara y que se dedicaba al comercio de ropa. Hablamos por mucho tiempo y, a partir de ese día, me llamó a diario, casi siempre en la noche, para preguntarme cómo estaba, qué hacía y decirme cosas bonitas.

A la tercera semana de conocerlo, me pidió que fuera su novia. Le dije que lo pensaría, pero él insistió en que debía darle una respuesta en ese instante. Acepté entusiasmada con su decisiva galantería. Días más tarde, me dijo que se quería casar conmigo y formar una familia. Acepté porque me creí enamorada de su forma de expresarse y porque, a pesar de que toda la comunicación había sido por teléfono, era atento y amable conmigo. Aunque, ahora que lo pienso, más bien, me enamoré de la idea de que alguien me quisiera.

***

A los cuatro días de su propuesta de matrimonio, me pidió irme con él a la Ciudad de México. Mi primera respuesta fue que no, porque yo estaba estudiando y no podía defraudar a mis papás. Su respuesta fue que él tenía familiares profesionistas y, sin embargo, no tenían dinero; él, por el contrario, no tenía estudios, pero sí una casa grande, un carro del año y los billetes le sobraban.

Como yo no cedía, comenzó a hacerse la víctima diciendo que no lo quería. No sé cómo, pero terminó convenciéndome. Me mandó dinero para comprar un boleto de autobús y ese mismo día pisé la Ciudad de México por primera vez.

Mi hermano no sabía que existía Jorge. En realidad, nadie lo sabía. Era como un fantasma que sólo yo había visto. Para ahorrarme explicaciones, me fui sin avisar a nadie.

***

No recuerdo con exactitud la fecha, pero era septiembre. Llegué como a las seis de la mañana a una terminal de autobuses de la Ciudad de México. Jorge me esperaba. Traía una camioneta Cadillac Escalade 2006, la versión más lujosa. En ella me llevó hasta la colonia Buenavista, atrás de la entonces delegación Cuauhtémoc. Yo no lo supe hasta después, pero esa primera casa donde dormí es parte de una mafia inmobiliaria conocida como "los cuartos verdes". Son casas de seguridad donde las víctimas son vigiladas durante las 24 horas para que no huyan de su esclavitud sexual en las zonas de tolerancia de la capital.

Ahí, en la dirección Arista 36, Jorge pagó un cuarto para mí. Era una habitación muy pequeña, donde sólo cabía una cama, un clóset y una pequeña repisa. Después de pedirme que me instalara, Jorge se fue. Me dejó allí sola durante dos días, en los que estuve encerrada porque él me ordenó que no saliera ni hablara con nadie.

Regresó al tercer día y salimos a comer. Cerca del cuarto donde dormía, vi muchas chicas paradas, mal vestidas, casi desnudas. Jorge, sin amortiguar el golpe, las apuntó con un dedo y me dijo que iba a trabajar "así" como ellas. Pensé que bromeaba. Pero ese mismo día me anunció que mi destino estaba emparejado al de ellas. Me negué y él, a punto de golpearme, me soltó una bofetada de realidad. "Tú tienes que hacer lo que yo te diga, si crees que te traje para otra cosa estás equivocada". Si no lo hacía, me dijo, mataría a mi familia.

***

Tenía mucho miedo. Temía por mi integridad física, por mi vida, y temía por mi familia, así que acepté a hacer trabajos sexuales forzados para Jorge. Era una sensación agridulce: sentía mucho miedo y, al mismo tiempo, sentía amor por Jorge.

Él escogió la ropa que debía ponerme para mi primera noche. Me enseñó cómo colocar un condón, las posiciones que debía hacer y el trato a los clientes. Para demostrar que había aprendido sus enseñanzas, mi examen fue una violación.

Jorge también escogió mi nombre: me llamó Karen. La chica nueva en el corredor de trata de personas de Buenavista.

X. JUSTICIA. MADAÍ.

***

Jorge me dio las últimas indicaciones: me dijo que el taxi que me había pedido me dejaría en una esquina y ahí debería buscar a un tal Omar y preguntarle cuánto debía cobrar por el servicio.

Omar me esperaba dentro de un hotel. Yo le di el nombre falso y él me hizo pasar a una habitación maloliente. Ahí me desvestí, guardé mi ropa y me puse otra, diminuta, que estaba sobre la cama. Cuando pise la calle, Omar me presentó a su mamá, Alejandra Gil. Ella fue la que me asignó "mi esquina".

***

Esa noche empezó mi infierno. Lloré mucho porque desde ese momento sentí que no valía nada. Me acordaba de mi familia y todo lo feliz que había sido cuando estaba con ellos. Manché de sangre a los primeros clientes porque la esponja que me había dado Jorge no contuvo mi menstruación. Pero a los clientes no les importó, así me siguieron usando. La primera noche me compraron más de 15 hombres.

Aún recuerdo mis primeros horarios: domingo y lunes de 9:00 pm a 2:30 am, martes de 10:00 pm a 2:30 am, miércoles de 10:00 pm a 3:00 am, jueves de 10:00 pm a 4:00 am, viernes y sábado de 10:00 pm a 6:00 am.

No importaba que tuviera mi periodo o que Jorge me hubiera golpeado horas antes. Cada semana debía entregar hasta 18 mil pesos a Jorge. A veces me dejaba 200 pesos para la semana, que usaba para comprar comida; otras veces no me dejaba nada. Una vez quise esconder un poco para comprar un refresco. Cuando me descubrió, me rompió una costilla a patadas.

***

Fui explotada por casi dos años en el corredor Buenavista-Sullivan. Despertaba y lloraba. Lloraba y dormía. Despertaba y lloraba. Ese era mi ciclo de vida.

Algunos clientes me querían obligar a consumir drogas, como cocaína, piedra y también alcohol; otros querían sexo sin protección. Unos más se excitaban golpeándome y otros me pedían actuar como si yo fuera su hija. Todos me daban asco. A todos los he olvidado por salud mental.

Sólo uno se mantiene en mi cabeza: un hombre que, mientras se desvestía, mostró un arma de fuego. Me dijo que era policía y me enseñó su placa. ¿Cómo era posible que una autoridad que debía ayudarme me comprara?

***

Alejandra Gil fue mi primera madrota, pero no la única. También conocí los maltratos de Alicia y los de Dulce. Ninguna era muy distinta a las otras. Todas igual de sádicas con reglas similares: yo no debía revelar a nadie que estaba siendo obligada a

X. JUSTICIA. MADAÍ.

prostituirme. Debía decir que estaba por gusto, por voluntad propia, por necesidad, sin padrote. Jorge me dijo que, en caso de operativo, debía decir que estaba allí porque mi abuela estaba enferma y necesitaba dinero para sus medicinas. Se me hacía raro que me dieran tantas instrucciones en caso de que llegara la policía: en los dos años que fui explotada sexualmente en Sullivan jamás vi un operativo.

Lo que sí vi eran niñas y mujeres que llegaban un día, o una temporada, y nunca más las veía de nuevo. Luego supe porque: la red de trata de personas que tejieron Jorge, y su mamá Alejandra Gil, llegaba hasta Nueva York. Un día me dijeron que me preparara: me sacarían del país para venderme como mercancía nacional en Estados Unidos.

En las noches lloraba y buscaba a Dios. "Dios mío, ¿por qué me está pasando esto? Ayúdame y que se haga tu voluntad". Y aunque mis oraciones eran cortas, sé que Dios me escuchó.

El día que Jorge me llevaría a una casa de seguridad para planear mi viaje hasta la frontera norte, aproveché su ausencia y tomé un taxi. Me escondí en un hotel cerca del Monumento a la Revolución y luego me cambié a un hotel en el Centro Histórico. Pasé días escondida hasta que encontré valor para salir a la calle y denunciar ante la procuraduría capitalina.

Esa noche, mientras terminaban mis evaluaciones psicológicas, mi denuncia desató una rara escena en Sullivan: llegó un operativo hasta la zona de tolerancia y detuvieron a Jorge. Esa misma noche lo ingresaron al Reclusorio Oriente y yo, a la mañana siguiente, fui canalizada a Fundación Camino a Casa.

***

Mi proceso de reintegración inició en Fundación Camino a Casa en 2012. Posteriormente, fui usuaria de Fundación Reintegra. Desde ahí, seguí el juicio contra Jorge y, luego, contra Alejandra Gil, quien se disfrazaba de defensora de derechos humanos.

En ese proceso judicial me enteré que Jorge no se llamaba así. Era una de las identidades falsas que Saúl Herrera Soriano, un padrote de Tenancingo, Tlaxcala, utilizaba para enganchar a sus víctimas. A chicas como yo.

***

Saúl Herrera Soriano fue sentenciado en julio de 2012 a 20 años de prisión por el delito de trata de personas. Otra víctima también lo denunció y fue sentenciado por los crímenes cometidos contra ella, sumando así 40 años de prisión.

Dos años más tarde, 24 meses de denuncias, investigaciones y procesos legales, la justicia alcanzó a Alejandra Gil, quien se denominaba a sí misma una "trabajadora" sexual. Supuestamente organizaba talleres de prevención de VIH e implementaba sistemas de seguridad para evitar delitos contra las personas en situación de prostitución de la zona.

Así, asistió a foros y mesas de trabajo de la Cámara de Diputados y el Senado de la República.

Sin embargo, mi historia es muy distinta a esa que cuentan sobre Alejandra Gil, mejor conocida como la Madame de Sullivan, quien controló durante 30 años la explotación sexual en esta calle de la Ciudad de México. Obstruía los operativos, cobraba cuotas semanales a las víctimas a nombre de su organización, revendía los preservativos que instituciones de salud ofrecen gratuitamente y realizaba rondines en su camioneta para mantener a todas vigiladas y atemorizadas.

***

Quien me conoció en aquella temporada que conocí a Jorge, el verano de 2010, diría que soy otra persona. Ahora tengo sueños. Algunos ya los he realizado y otros están por cumplirse. Lo más importante es que he recuperado mi dignidad y mi libertad.

Con la ayuda de Fundación Camino a Casa, Reintegra y Comisión Unidos vs. Trata, me reuní con mi familia y pude estudiar mi carrera y mi maestría en Derecho en escuelas privadas. Después de graduarme he dedicado mi labor profesional a defender a otras mujeres de las redes de trata. Un día ellas también serán libres y podré apoyarlas en sus procesos legales. Seré juez o magistrada y combatiré la apatía y la corrupción que sufrimos en nuestro país.

Me inspiraré en los mejores hombres y mujeres que tenemos como sociedad, que son quienes ayudan desinteresadamente a las víctimas. Me inspiraré, por ejemplo, en quienes se tomaron el tiempo de leer estas historias. Aquellas y aquellos que vibraron con nuestro sufrimiento y con el amor que recibimos.

Y pelearé por otras chicas como yo, tan fuerte como peleé por sobrevivir y tener la oportunidad de contarles mi historia.

Escanea el código QR arriba con la cámara de tu teléfono celular para ver un documental en video sobre las experiencias de Madaí; así como de otras víctimas de la trata de personas internacional.

X. JUSTICIA. MADAÍ.

La fina línea entre trata y prostitución

Son muchos los instrumentos internacionales por parte de la ONU, la OIT (Organización Internacional del Trabajo) y la OEA (Organización de Estados Americanos), que indican que la línea divisoria entre la prostitución y explotación sexual o trata de personas es demasiado delgada.

La relatora especial de la Comisión de Derechos Humanos de la Organización de las Naciones Unidas, Sigma Huda, declaró en 2016: "En términos generales, la prostitución como se practica hoy en día en el mundo sí satisface los elementos de la trata (…). Por lo tanto, podemos decir que los Estados que legalizan la industria de la prostitución tienen una gran responsabilidad para asegurar que sus regímenes reglamentaristas no están simplemente perpetuando la trata de manera sistemática y global"[1]. Es posible atestiguar en las condiciones mundiales actuales, que los países en donde se legaliza la prostitución no se cumple con la obligación de no perpetuar la trata. Esta realidad ha sido confirmada por varias investigaciones de relevancia internacional.[2]

La prostitución es una máquina bien calibrada que se tolera y se acepta por la perpetuación de mitos creados desde la sociedad que la consume, y que son completamente ajenos a la realidad. Una sociedad que fácilmente hace caso omiso de las mujeres que están encadenadas en su sistema. Las aseveraciones gratuitas que justifican un sistema de explotación y dolor[3] son del tipo de: "Es la profesión más antigua del mundo; están ahí porque han escogido este estilo de vida; es un trabajo como cualquier otro; le ofrece a las mujeres independencia económica; es un mal necesario; abolir la prostitución provocará un aumento en las violaciones; la prostitución y la trata son dos cosas completamente diferentes; si criminalizamos la compra del sexo, las niñas más pobres del país perderán grandes oportunidades para avanzar."[4] Si estudiamos cuidadosamente cada una de estas declaraciones, podemos asegurar que son exactamente eso, mitos.

Cuando la industria sexual se incorpora al sector del mercado, promueve el mito de que la sexualidad masculina debe ser satisfecha por una oferta de mujeres, niñas y niños que pueden ser comprados. Esto exige la creación de un grupo de mujeres que son legítimamente escogidas para ser violentadas, explotadas y violadas, ya que estas son las que suplen la demanda del mercado[5].

La realidad encontrada en las investigaciones y en los testimonios de las sobrevivientes de los últimos 10 años nos cuenta una historia diferente: El 90% de lo que parece ser prostitución por decisión en realidad es explotación sexual.[6] La prostitución no es un trabajo como cualquier otro, la violencia vivida por las mujeres es insuperable. Podríamos preguntarnos, si la prostitución es una decisión,

¿por qué parece estar reservada para las mujeres pobres, con poca educación, indígenas, o migrantes? La Dra. Melissa Farley[7], quien ha estudiado este fenómeno extensivamente dice: "En la prostitución, la demanda crea el suministro. Porque los hombres quieren comprar sexo, la prostitución se asume inevitable; por lo tanto, es considerada una parte 'normal' de la sociedad". Este es un negocio, una industria en donde los tratantes y los empresarios dueños de los giros negros son los únicos que se enriquecen, las ganancias anuales relacionadas a la trata de personas por explotación sexual son de 99 mil millones de dólares, este lucrativo mundo necesariamente necesita de toda una red de cómplices para lograr su objetivo, incluyendo aquellos de nosotros que nos hacemos de la vista gorda[8].

El argumento financiado por la industria del sexo, que propaga que la prostitución es el derecho de las mujeres a hacer con sus cuerpos lo que quieran, y que el legalizarla es la única manera de asegurar la protección de sus derechos laborales como "trabajadoras sexuales", ha sido una lucha ideológica que ha plagado al movimiento feminista, y ha sido adoptada por organizaciones dedicadas a la defensa de los derechos humanos que se disfrazan como protectores de las mujeres, cuando en verdad, sirven para perpetuar la industria del sexo y todos los crímenes que la acompañan: el narcomenudeo, el lavado de dinero, soborno, corrupción, extorsión, y especialmente la violencia contra las mujeres que es la única manera de seguir proveyendo "mercancía" para saciar la demanda.

Aquellos que buscan reglamentar la prostitución, o como le llama Julie Bindel, el "lobby proxeneta", que busca normalizar la prostitución como si fuera un trabajo cualquiera usando términos como "trabajadora sexual" (término que se inventó en los ochentas por un grupo de proxenetas condenados)[9], justifican sus argumentos aseverando que las mujeres tienen derecho al "libre desarrollo de su personalidad." En términos genéricos, esto quiere decir que tienen derecho a hacer con sus cuerpos lo que quieran y, por lo tanto, tienen el derecho de prostituirse, y el estado la obligación de proteger ese derecho. Esto abre las puertas a un debate filosófico que busca confundir la protección de la dignidad con la protección del libre desarrollo de la personalidad. Pero, cuando uno entiende con claridad que la dignidad es intrínseca en el ser humano, sólo por serlo y que de esa dignidad emanan todos los derechos, especialmente el derecho a la libertad, que existe por encima del resto, entonces debe quedar claro que el bien jurídico a proteger debe ser primero y ante todas las cosas la dignidad humana. Es muy importante poner énfasis en esta precisión. El ser humano no sólo tiene derecho a ser libre, sino que también tiene el derecho a permanecer libre de toda forma de esclavitud o condición que le prive de su libertad. El derecho a permanecer libre de cualquier forma de esclavitud, violencia o cualquier forma de trato inhumano o degradante, están directamente relacionados con el delito de trata. Se puede atentar contra la dignidad, pero no se puede arrebatar. La dignidad es intrínseca a cada persona y está protegida por los Derechos Humanos. Los Derechos Humanos son un instrumento jurídico, la dignidad es una condición humana. La trata no sólo vulnera los derechos humanos, sino que intenta despojar a la víctima de su condición de humano, es decir de su propia dignidad, al transformarlo en objeto o en mercancía. Los seres humanos no somos objetos que carecen de dignidad, somos sujetos y como tales poseedores de ésta. Desde esta óptica cualquier legislación en materia de trata debe tener como referente principal, como principal bien jurídico a proteger, la dignidad, no los derechos que de ella emanan y que son violados; por ende, el argumento que impulsa la legalización de la prostitución contiene falacias profundas ya que conduce a un aumento medible y marcado de la trata de personas, incentiva el turismo sexual, fomenta la violencia contra las mujeres y facilita la expansión de la industria de la explotación sexual.[10]

En los países en donde la compra del sexo es sancionada, pero siguiendo el modelo de equidad, no se criminaliza a las mujeres prostituidas, tales como Suecia, Francia, Israel e Irlanda, entre otros; se ha comprobado que éste es el modelo que consigue bajar los índices de trata considerablemente[11]. Por el contrario, el argumento de legislaciones como las de Países bajos, Alemania y Nueva Zelanda, que promueven la industria del sexo como un negocio legítimo y como una carrera profesional aceptable para niñas y mujeres, el sistema ha fracasado, aumentando los índices de trata especialmente entre mujeres migrantes y minorías, ya que este permite y da lugar a que los proxenetas y los clientes aseguren un suministro humano para la explotación. Ahora, con la aprobación del Estado, al retirarse los candados legales contra el proxenetismo, el enganche y la función de casas de prostitución y negocios que la promueven, tales como los tables, la pornografía, el sexo virtual, las casas de masajes, etc.

En México la prostitución como tal no está reglamentada, simplemente es tolerada. El proxenetismo sí es un crimen, pero en este caso, la impunidad abunda. En la Zona Norte de Tijuana, en donde hemos trabajado muy de cerca por varios años, es claro que las mujeres están bajo el cuidado de un proxeneta o padrote. No cabe la menor duda de ello.

El caso de Alejandra Gil que se menciona en la historia de Madaí, revela cómo las redes criminales relacionadas al sistema que prostituye pueden fácilmente revestirse de activismo social. En 1985, Alejandra Gil, que se llamaba a sí misma una "trabajadora sexual", creó la organización civil AProSE con el fin de "proteger los derechos laborales de las trabajadoras sexuales de la calle Sullivan" en la Ciudad de México.

La organización declaraba llevar a cabo actividades y talleres relacionados a la prevención del VIH/SIDA, así como de proveer atención médica e implementar medidas de seguridad contra la violencia, el homicidio y las violaciones de las mujeres. Gil ondeaba una bandera de luchadora de la justicia social. Participaba en foros y mesas de trabajo en el Senado y la Cámara de Diputados, y aún fue reconocida por organizaciones internacionales defensoras de los derechos humanos. Todavía, hasta el día de hoy existen algunos dentro de estas organizaciones que levantan la voz en su defensa.

El testimonio de Madaí de otra víctima y dos testigas fueron clave para sacar la verdad a la luz y derribar el disfraz. Gil, la Madame de Sullivan, como se le conoce, controló el sistema prostituyente en la calle Sullivan por 30 años. Era la mente maestra detrás de la explotación de cientos de mujeres y niñas en esta sección de la ciudad. Obstruía el avance de las redadas, vendía los condones que se ofrecen de manera gratuita por las instituciones de gobierno, creó un sistema de vigilancia que mantenía a las mujeres revisadas e informaba a sus padrotes si alguna de ellas hacía algo sospechoso. Cualquiera de las mujeres que se atrevió a pedirle ayuda alguna vez era recibida con una letanía de insultos y humillaciones - mueve las nalgas, y déjate de problemas - fue la respuesta que le dio a Mayra, una víctima explotada en Sullivan por 16 años, cuando se atrevió a contarle a Alejandra de la tortura que sufría por parte de su tratante.

Gil y su hijo Omar fueron finalmente detenidos el 12 de febrero de 2014 en las oficinas de AProSE. La cobertura de los medios fue amplia. La periodista Adela Micha entrevistó a Madaí y a Gil, abriendo las puertas a que la sociedad en general conociera la realidad sobre la explotación sexual y de manera contundente trajo la información sobre la trata de personas a las salas de miles de ciudadanos. Esta vez los medios jugaron un papel importante en sacar la verdad a la luz. Informaron que después de una investigación profunda descubrieron que AProSE había recibido fondos del gobierno federal que sumaban alrededor de 600 mil pesos para sus programas relacionados a la prevención del SIDA en 2009; 172, 642 pesos en 2010 para otro programa de prevención del SIDA; en 2011 CENSIDA le otorgó 250 mil pesos; y el Instituto Nacional de Desarrollo Social le otorgó una beca de 88 mil pesos para una campaña informativa sobre el virus del papiloma humano. En total se habían otorgado más de un millón de pesos en fondos federales a una organización criminal.

En 2015, Alejandra Gil y su hijo Omar Sayún fueron sentenciados a 15 años de prisión. Gracias al testimonio de Madaí y las otras valientes víctimas, la farsa de 30 años de Alejandra Gil que se hacía pasar por protectora de aquellas que "decidían" prostituirse fue desmantelada.

Muchos en México temen el activismo relacionado a desalentar la demanda de prostitución buscando pasar leyes que criminalicen el consumo del sexo, porque no quieren mover las aguas de un sistema arraigado fuertemente en la sociedad, pero la realidad es que si no lo hacemos, nunca lograremos bajar los números de mujeres explotadas para poder continuarlo. Es una lucha nueva, pero importantísima para avanzar en la erradicación de la trata en nuestro país y alrededor del mundo. "Tratar" a una persona es atentar contra su dignidad y contra todos y cada uno de los derechos que de ella emanan, dado a que se le despoja de su ser esencial, su condición de ser humano, para transformarla en objeto.

Proteger únicamente el libre desarrollo de la personalidad es insuficiente, inútil, porque no se puede defender la personalidad de quien ya no es persona, sino objeto. Por encima siempre hay que defender su dignidad para en consecuencia, ser capaz de proteger también el libre desarrollo de su personalidad. El no hacerlo en esa secuencia da ventaja a que los tratantes defiendan el que la víctima "concedió" y por lo tanto es libre de desarrollarse como ella quiera. Esto debe cuidarse porque el Protocolo de Palermo específicamente postula que el consentimiento no entra en juego en la definición de trata de personas. Nadie puede consentir a ser violentado, por lo tanto, nadie puede ceder por su propia voluntad su dignidad.

Luchar contra la trata implica defender la dignidad de las personas y de todos los derechos fundamentales que de ella emanan. Es decir, la primera no es protegible si no se defienden aquellos, pero los derechos humanos no pueden existir o ser promovidos si no existe previamente un reconocimiento de la dignidad.[12]

En definitiva, la dignidad es el valor absoluto, el fundamento de la convivencia humana, el máximo de los valores de libertad, autonomía, igualdad y de los principios y los derechos que se derivan de esos valores. Suponer que la prostitución, como se entiende hoy, es una protección de derechos, es un pensamiento que obvia la falta de conocimiento de la realidad que viven las mujeres por parte de los legisladores y el aprovechamiento de los tratantes y dueños de giros negro de esta ignorancia que les apoya en propagar su mensaje falso y peligroso. Ya es tiempo de levantarse a luchar por sacar la verdad a la luz y combatir este engaño.

Referencias citadas

1. Huda, S. "Report of the Special Rapporteur on the human rights aspects of the victims of trafficking in persons, especially women and children." Comisión de Derechos Humanos de las Naciones Unidas, febrero de 2016. https://ap.ohchr.org/documents/dpage_e.aspx?si=A/71/303.
2. Jakobsson, N., & Kotsadam, A. "The law and economics of international sex slavery: prostitution laws and trafficking for sexual exploitation." European Journal of Law and Economics, 35 (1), (2013): 87-107. https://link.springer.com/article/10.1007/s10657-011-9232-0 (Consultado el 7-ago-2017).

3. European Women's Lobby, "18 Myths on Prostitution.", 2013. https://www.womenlobby.org/IMG/pdf/prostitution_myths_final_ewl.pdf.
4. Lamas, M. Conversación con Marta Lamas [Entrevista con C. Puig]. Grupo Milenio. En 15 con Carlos Puig. Ciudad de México. 03 de febrero de 2017.
5. Ekberg, G, "The Swedish Law that Prohibits the Purchase of Sexual Services: Best Practices for Prevention of Prostitution and Trafficking in Human Beings.", SAGE journals, 2002. https://doi.org/10.1177/1077801204268647
6. Evelina Giobbe, "WHISPER Oral History Project", Minneapolis, Minnesota, 1987. http://www.rapeis.org/activism/prostitution/prostitutionfacts.html (Consultado el 12-9-2019).
7. Farley, M & Butler, J. "Prostitution quick facts." 2012. http://www.prostitutionresearch.com/Prostitution%20Quick%20Facts%2012-21-12.pdf (Consultado el 12-sept-2019).
8. Mellado Prince, R. "Tesis Doctoral. Políticas públicas para desalentar la demanda de explotación sexual en México" Universidad de Baja California, Colima. 2018.
9. Bindel, J. "The pimping of prostitution". Palgrave McMillan, Londres, RU, 2017.
10. Corte Constitucional Colombiana, Iniciativa equidad de género. "17 intervenciones internacionales a la demanda D0012489." 25 de septiembre de 2018. http://www.corteconstitucional.gov.co/secretaria/.
11. Gunilla S. Ekberg B.S.W., JD,"Briefing on Swedish law and policies on prostitution and trafficking in human beings", 2012. http://www.sccjr.ac.uk/wp-content/uploads/2012/11/Briefing-Law-and-policies-on-prostitution-and-THB-Sweden-1203082.pdf.
12. Orozco, Mellado-Prince, "Dignidad y libre desarrollo de la personalidad." El Cotidiano. Vol 209. Ciudad de México, mayo – junio 2018. https://issuu.com/elcotidiano/docs/cotidiano_209 (Consultado el 12-sept-2019).

Hacia un futuro de dignidad

Cada vida es única e irrepetible; sin embargo, las historias de trata de personas se parecen. La mayoría empieza con una promesa y una mentira. Mujeres y hombres, casi siempre de contextos vulnerables, son engañados mediante una propuesta de trabajo, de amor o de una mejor vida para después ser extraídos de su entorno y posteriormente explotados.

Hay millones de historias de trata de personas que no hemos escuchado y, aunque se parezcan, en cada una está en juego una vida y un mundo. La organización australiana Walk Free Foundation calcula que cada año 40.3 millones de hombres y mujeres son esclavizados en el planeta; esto significa que en estos momentos hay 40.3 millones de historias que desconocemos[1].

Por desgracia, la mayoría no tendrá un final esperanzador. No lo tenía la primera historia de trata de la que tuve noticia. Invitada por The Concerned Women for America, participé en una serie de conferencias en Washington D.C. en 2005 donde tuve mi primer acercamiento con el tema. Entonces conocí la historia de Danguolè Rasalaitè, que inspiró la película *Lilya 4-ever* del director Lukas Moodysson. Danguolè fue una joven lituana víctima de trata con fines de explotación sexual. Cuando logró escapar, decidió acabar con su vida saltando de un puente en Suecia, país donde fue esclavizada. Tenía 16 años.

Quedé impactada. Tras la capacitación, volví a México decidida a ayudar en la reintegración de los y las sobrevivientes de este delito, pero no los encontré. No existía una ley que castigara la trata de personas de acuerdo con el Protocolo para Prevenir, Reprimir y Sancionar la Trata de Personas, especialmente de mujeres y niños, que complementa la Convención de las Naciones Unidas contra la Delincuencia Organizada Transnacional, conocida como Protocolo de Palermo, y otras convenciones internacionales firmadas por México.

Las autoridades no estaban capacitadas para identificar a una víctima y, por eso mismo, tampoco había operativos para rescatarlas. Si no había conciencia acerca del tema, mucho menos refugios.

Por esta razón, en 2007 creamos Fundación Camino a Casa, el primer refugio especializado en víctimas de trata en México. Comenzamos así nuestra lucha, atendiendo a menores de edad sobrevivientes de trata con fines de explotación sexual. Con el tiempo, la causa nos empujó a involucrarnos más y más. A lo largo de estos años, hemos comprendido que para hacer posible la reintegración de las víctimas, necesitamos leyes que proporcionen un marco jurídico que genere denuncias, operativos de rescate y después justicia; asimismo que se cree conciencia en la sociedad para no estigmatizar a las víctimas y solidarizarse con ellas.

Por eso, siempre con la reintegración de las víctimas como prioridad, hemos promovido la prevención del delito frente al público en general, incidiendo en la esfera pública y política para garantizar la redacción y aplicación de leyes adecuadas, capacitar y sensibilizar a autoridades de todos los niveles, e incluso desarrollar procesos de justicia restaurativa con tratantes condenados.

Queremos compartir nuestro aprendizaje de más de una década. Creemos que nuestra experiencia puede ser de valor para todo aquel que, en cualquier lugar del mundo, quiera ayudar a las y los sobrevivientes de la esclavitud moderna. Esta es una recopilación de historias que nos comparten los y las supervivientes de trata que han recibido atención de Fundación Camino a Casa, Reintegra México, Reintegra USA, Rescue Freedom, Unlikely Heroes y decenas de organizaciones vinculadas por la Comisión Unidos vs. Trata.

El primer modelo de reintegración, creado por Fundación Camino a Casa, es un proyecto a largo plazo, financiado por la sociedad civil en México, que da cuenta de la asistencia para la reintegración de las víctimas del delito de trata de personas, coadyuvando de manera directa al cumplimiento del Artículo 6 numeral 3 del Protocolo de Palermo, que señala que "... cada Estado parte considerará la posibilidad de aplicar medidas destinadas a prever la recuperación física, psicológica y social de las víctimas de la trata de personas, incluso, cuando proceda, en cooperación con organizaciones no gubernamentales, otras organizaciones pertinentes y demás sectores de la sociedad civil"[2].

En todo el mundo, y en la mayoría de los refugios operados por gobiernos, las víctimas de trata son asistidas durante un periodo de tres a seis meses. Con frecuencia, son canalizadas a los mismos espacios que los sobrevivientes de otros delitos, lo que no permite una atención especializada y, en muchas ocasiones, provoca ambientes de estigmatización.

Las mujeres víctimas de trata con fines de explotación sexual en muchas ocasiones se enfrentan a una doble y triple discriminación basadas en estereotipos de género al ser juzgadas como "mujeres malas", "promiscuas" o "peligrosas". Esto atenta contra el proceso de reintegración, pues genera más violencia contra las víctimas. Un refugio debe ser un espacio libre de revictimización para las y los sobrevivientes, porque ante todo debe ocuparse de crear y cuidar la autoestima y de garantizar las condiciones que protejan su dignidad como persona sujeta de derechos.

Hemos observado que las víctimas, que han sido abusadas sexualmente entre quince y treinta veces al día durante meses o años, llegan al refugio devastadas, sin ganas de vivir y llenas de ira y odio hacia todos. Esto nos obliga a preguntarnos: ¿Se puede recuperar el aliento de vida después de sufrir trata de personas? La respuesta es clara: en un espacio comprensivo y amoroso, que vele por la integridad y dignidad de las personas y las coloque en el centro de atención y cuidado, protegiendo y respetando plenamente sus derechos humanos, sí ES POSIBLE.

Este libro tiene la intención de visibilizar cómo una experiencia traumática e ilegal se puede convertir en una oportunidad de reinventarse con el apoyo de muchos. Ahora bien, los estragos físicos, emocionales y psicológicos de la trata de personas no pueden remediarse en unos cuantos meses, como la mayoría de los gobiernos cree. Usualmente se requiere de muchos años, como lo hemos descubierto en nuestra labor. Estas son las principales razones por las que creemos en un modelo especializado a largo plazo.

Habría que agregar que la trata de personas es una injusticia provocada por otras injusticias. Es decir, una víctima de trata, antes de serlo, ha sido con frecuencia ya víctima de la pobreza, la violencia, la discriminación y otros males sociales. En el Diagnóstico Nacional sobre la situación de trata de personas en México en 2013, se identificaron "363 municipios donde la población, especialmente las mujeres, viven en condiciones de alta vulnerabilidad a la trata de personas y 464 municipios donde esta es media". Los focos rojos se concentran en la región sur-sureste, la zona fronteriza de Chihuahua, Sinaloa y Sonora, y la zona fronteriza de Jalisco, Nayarit y Durango.[3]

Esta vulnerabilidad, explica el diagnóstico, se debe a los "altos niveles de analfabetismo, menores niveles de empleo, condiciones laborales precarias, altos índices de marginación y pobreza, flujos migratorios constantes y elevados".

Previas a la esclavitud insertan a las y los sobrevivientes en ciclos de revictimización que no pueden ser rotos con facilidad. ¿Tendría sentido atender a una víctima durante tres meses y después regresarla al mismo sitio donde se dieron las condiciones para que sea nuevamente enganchada? Equivaldría a abandonarla a medio camino, regresaría en muchas ocasiones con los cómplices de sus victimarios, sin medios para construir una vida, muchas veces incomunicada para continuar con sus procesos legales.

Sólo un modelo de reintegración a largo plazo, que en nuestra experiencia ha llegado a extenderse en algunos casos, por más de ocho años, puede romper estos ciclos. La atención psicológica y el acompañamiento legal se complementan con la educación y la capacitación laboral. Además de ocuparnos de curar las heridas provocadas por la trata, en otras palabras, de ocuparnos del pasado, nos interesa el futuro, que las sobrevivientes se conviertan realmente en personas autónomas sin establecer relaciones de codependencia con nadie.

El "libro de los sueños", una dinámica que se ha adoptado para trabajar el plan de vida con las supervivientes, evidencia esta intención. Cuando llegan a este refugio no suelen tener sueños pues han sido sometidas a una cotidianidad de terror. Y, como hemos señalado párrafos arriba, nos interesa que recuperen su vida y su integridad emocional y

Figura I-1

Raíces y consecuencias de la trata de personas

Raíces de la vulnerabilidad	Consecuencias de la trata
Desintegración familiar	Derecho de piso
Violencia	Crimen organizado
Pobreza	Secuestro
Acoso (bullying)	Narcomenudeo
Corrupción	Extorsión
Adicciones	Prostitución
Inseguridad	Narco
Desempleo	Enganchadores
Bajo nivel educativo	Feminicidios
Situación de inmigrante	

Fuente: Comisión Unidos vs. Trata

física, las cuales creemos y hemos constatado que involucran la capacidad de soñar, anhelar un futuro y tener fuerzas para vivir con esperanza.

En el "libro de los sueños" plasman sus metas y deseos para una nueva vida. Estas hojas en blanco van llenándose conforme avanzan sus procesos. Hemos sido testigos de la cristalización de muchas de esas ilusiones. Hemos visto con orgullo cómo estas niñas, niños, mujeres y hombres recuperan su voz y su voluntad, y reclaman su lugar en el mundo.

Éste es un proceso largo y, hay que decirlo, costoso. La falta de presupuesto para combatir la trata de personas y la atención a las víctimas ha sido una constante en México. Hasta el momento en que estas líneas se escriben, el Fondo de Protección y Asistencia a las Víctimas de los Delitos en Materia de Trata de Personas, creado por la ley promulgada en 2012, ha estado vacío. Esto jamás nos ha paralizado y sólo con recursos de la sociedad civil, sin nunca recibir un peso de programas gubernamentales, Fundación Camino a Casa ha atendido a más de 200 sobrevivientes y en Comisión Unidos vs. Trata cerca de 100 más.

Ante la violencia de los criminales y la inacción de los gobiernos, la sociedad civil debe responder con solidaridad. Un discurso de muerte debe ser contrarrestado con un discurso de vida. Nosotros creemos que hay un motivo ético que hace a todos los ciudadanos, en especial a aquellos que han vivido en plenitud de sus derechos, responsables de luchar por aquellos que han sido oprimidos.

Vengo de un hogar privilegiado, pero construido a base de esfuerzo. Mi padre superó la pobreza convirtiéndose en uno de los hombres más exitosos de su profesión. Un hombre que no pudo estudiar más allá de la secundaria, pero que, vendiendo de puerta en puerta, de escritorio en escritorio, logró prosperar. Mi padre siempre me dijo que con esfuerzo y la guía de otros, toda la gente puede alcanzar sus sueños.

Gracias a su trabajo, viví, desde niña, en una de las zonas residenciales más exclusivas de la Ciudad de México. Viajé y viví en el extranjero. Recibí la mejor educación que se me podía otorgar. Más importante aún, tuve una madre y un padre amorosos, quienes en unos meses cumplirán 63 años de matrimonio. Ambos me enseñaron a amar y respetar la dignidad de mi prójimo, me enseñaron que muchos lo único que necesitan es una mano amiga para comenzar a brillar por cuenta propia.

Por si fuera poco, me casé con el hijo de un mecánico que llegó a ser un campeón en compañías de seguros y fianzas. Es un marido extraordinario y me ha apoyado económicamente desde el principio de la lucha contra la trata. Alex es un hombre que admiro porque cada día se supera y ama a Dios y a sus semejantes con hechos y no con palabras. Nuestros 36 años de matrimonio han sido muy felices.

Menciono mi trayectoria de vida porque mi participación en la lucha contra la trata de personas no debe entenderse como un acto de bondad, sino como un acto de responsabilidad. Todos los que hemos tenido oportunidades, debemos luchar para que otros también las tengan. Todos los que hemos recibido amor, debemos darlo.

Personas de la comunidad judía nos han apoyado desde hace mucho tiempo en esta lucha. De Alberto Kibrit he aprendido que *tzedeká*, la palabra que utilizan para "donativo", es justicia. Dar es un acto de justicia. Debemos hacer justicia y esto significa contribuir a que los derechos de los más vulnerables sean por fin respetados. Damos para entregarle a los despojados lo que les corresponde.

Justicia es lo que urge en este mundo, donde, según reporta la confederación internacional Oxfam en su documento "Una economía para el 99%", ocho individuos poseen la misma riqueza que 3.600 millones de personas, la mitad más pobre de la humanidad.[4] Estos datos apuntan a que el actual sistema económico sólo está beneficiando a los que más tienen. No es casualidad que ésta sea la era de la humanidad en la que han existido más esclavos. Por eso, como dice Oxfam, hay que construir una economía más humana. Debemos terminar con este sistema fundamentado en la acumulación y la cosificación, donde reina la codicia que desea riquezas y poder a costa de los demás.

Aunque suene imposible, habrá quienes incluso nos llamen ingenuos, un nuevo mundo puede comenzar a nacer de la suma de las voluntades solidarias. ¿Qué puedes hacer tú por los demás? ¿Cuánto estás dispuesto a dar?

Esto se ha preguntado cada profesionista, mujer u hombre, psicólogo, abogado, trabajador social, voluntario y acompañante que ha participado en nuestra apuesta por un modelo de atención a largo plazo para víctimas de trata. Por eso, el modelo de atención que hemos diseñado no se fundamenta en la Esperanza, sino en la solidaridad. La Esperanza establece relaciones verticales donde quien da está por encima de quien recibe. Nosotros buscamos relaciones horizontales, donde todos los involucrados somos iguales. Cabe mencionar a este respecto que reconocemos la complejidad inherente a los procesos de dar y recibir.

En junio de 2017, en la Cumbre de Malta, convocada por La Academia Pontificia de las Ciencias, La Fundación Amersi y La Fundación de la Presidencia por el bienestar de la sociedad sobre los modelos y las mejores prácticas para erradicar la esclavitud moderna y restaurar la dignidad de las víctimas, fue reconocido el modelo de la sociedad civil mexicana para víctimas de explotación sexual, al grado en que se exhortó a los otros países a conocerlo y adoptarlo.[5] Dada la responsabilidad que implica este reconocimiento, ponemos en manos de todo el mundo nuestra experiencia, nuestro aprendizaje de años, nuestra historia.

Éste es el espíritu de nuestro modelo y, por ende, de este libro.

Como solía decir Germán Villar, fundador de Reintegra México, proyecto que, tras su fallecimiento, retomó Andy McCullough y su equipo: "No nos dedicamos a cambiarle la vida a las sobrevivientes, ellas son las que nos la cambian a nosotros". No pretendemos dictar a las y los sobrevivientes cómo vivir. Queremos acompañarlos, caminando a su lado, para que ellas y ellos sean los únicos que decidan sobre sí mismos.

Referencias citadas

1. Walk Free Foundation. "Global Slavery Index 2018". https://www.globalslaveryindex.org/2019/findings/executive-summary/. (Consultado el 4-sept-2019).
2. United Nations Treaty Collection. "Protocolo para prevenir, reprimir y sancionar la trata de personas, especialmente mujeres y niños, que complementa la convención de las Naciones unidas contra la delincuencia organizada transnacional". https://treaties.un.org/doc/source/RecentTexts/18-12-a.S.htm (Consultado el 13-sept-2019).
3. Oficina de las Naciones Unidas Contra la Droga y el Delito. "Diagnóstico Nacional sobre la situación de trata de personas en México". México: Secretaría de Gobernación, 2014. https://www.unodc.org/documents/mexicoandcentralamerica/Diagnostico_trata_de_personas.pdf (Consultado el 4-sept-2019).
4. Deborah Hardoon., "Es hora de construir una economía más humana y justa al servicio de las personas", Oxfam International, (16 de enero de 2012), https://www.oxfam.org/es/informes/una-economia-para-el-99. (Consultado el 4-sept-2019)
5. The Pontifical Academy of Science, "Malta summit: Sharing models and best practices to end modern slavery and restore dignity to its victims". http://www.pas.va/content/dam/accademia/booklet/booklet_malta.pdf. (Consultado el 12-sept-2019).

Te necesitamos

Uno de los pasos más importantes para la supervivencia del programa es el ensanchar la red de apoyo por parte de individuos, instituciones educativas, negocios y organizaciones; ya que, sin esta red, sería imposible acompañar a largo plazo a las personas sobrevivientes hasta lograr las metas que ellas mismas se han propuesto en su Hoja en Blanco. El día de hoy estamos apoyando directamente a 69 sobrevivientes en refugios y programas de medio camino. Tú puedes hacer una gran diferencia en sus vidas desde tu lugar de influencia.

Te invitamos a unirte a esta gran causa haciendo un donativo a través de nuestras páginas: comisionunidos.org o fundacioncaminoacasa.org, o haciendo un depósito directo a:

> Comisión Unidos vs. Trata A.C.
> Banamex Sucursal 7002
> Número de Cuenta: 8343173
> CLABE: 002180700283431737
> SWIFT: BNMXMXMM

Muchas gracias por tu apoyo.
Unidos hacemos la diferencia.

Agradecimientos

Lo único que necesita el mal para triunfar es que los hombres buenos no hagan nada.
—Edmund Burke

Nunca dudes que un pequeño grupo de ciudadanos pensantes y comprometidos pueden cambiar al mundo. De hecho, son los únicos que lo han logrado.
—Margaret Mead

Como dicen por ahí, "la gratitud en silencio no le sirve a nadie". En este sentido, me gustaría agradecer a tantas maravillosas personas que han salvado valiosas vidas; que les han dado una Hoja en Blanco para reiniciar sus sueños y sus proyectos. Aquellos que han acompañado a las víctimas durante el camino de reintegración hasta convertirse en valientes supervivientes; reflejo de la luz que nos permite comprobar que *si es posible* el éxito después del infierno de la trata de personas.

Quisiera agradecer a mis padres, quienes me llenaron de amor desde que nací y me enseñaron lo valiosa que es cada persona, lo importante que es ser agradecidos, luchar por nuestras convicciones y que es mejor el reconocimiento que la crítica.

A mi familia por lo que diario aprendo de ustedes y por su apoyo en todo momento.

Si queremos avanzar en la tarea de rescatar valiosas vidas y traer a los criminales ante la justicia, debemos hacer mención a quienes sí han tomado acciones efectivas: rescatar víctimas, abrir refugios, procurar justicia, realizar campañas de prevención y cerrar negocios de giros negros. Lo grave es precisamente que son pocos los que en verdad hacen algo, por eso resulta tan importante nombrar y agradecer a quienes son o fueron autoridades sin filias ni fobias.

Hay muchas personas que en este camino han demostrado que la empatia puede ser posible, y que merecen ser en correspondencia agradecidas; sin embargo, son tantos quienes se han cruzado a apoyarnos en un momento u otro, que no acabaría de mencionarlos a cada uno. Aquí un breve listado:

A mi querido Alex, mi compañero, amigo, amante y aliado contra la trata, no hay palabras que puedan expresar mi gratitud, pues nunca me ha puesto un límite, sino que ha apoyado incondicionalmente mi entrega a las víctimas con todo lo que ha podido. Sólo Dios conoce el precio que ha pagado. Es el mejor socio en una causa y el mejor esposo del mundo.

AGRADECIMIENTOS

A Rita Hernández por su invaluable amistad, por toda su aportación a Comisión Unidos vs. Trata, por darles personalmente una Hoja en Blanco a sobrevivientes y por su extraordinaria colaboración en este libro. Mil gracias, querido León.

Óscar Balderas, el cariño que has demostrado a cada sobreviviente y superviviente es único, con tu talento has escrito lo mejor de ellas y ellos.

Hoja en Blanco surgió como un movimiento social a favor de las víctimas de trata, gracias a Clemente Cámara a quien le agradezco años de apoyo, pero en especial por una trascendente reunión de trabajo con Karla Jacinto y Zunduri, donde concluyeron que esta sería la mejor manera de explicar su nueva historia, su nuevo nacimiento.

Muchas gracias a Justin y Ángela Jaquith por bendecir a mi familia y por las horas dedicadas a nuestro libro *Hoja en blanco*.

Gracias por el amor y los valiosos consejos de Mike y Cindy Jacobs.

Valoro la amistad, apoyo y consejo de Denzel y Becky Hood, Andrés y Mayita Castelazo, Andrés y Kelly Spyker y de toda la familia y equipo de Cash y Sonia Luna.

A la familia de CASA que han sido ejemplo de amor y solidaridad.

Al increíble equipo de Comisión Unidos vs. Trata, ustedes son el mejor ejemplo de perseverancia, generosidad y amor.

Gracias Ruth Gómez por tu dirección, gracias Liliana Banegas, Miguel Sierra, Paty González, Karla Jacinto, Ernesto y Elba Bautista, Gaby Morales, Esperanza y Enrique, Evelyn Gutiérrez, Graciela y Ricardo, Miriam, Esther Escobar, Marlene Maya, Claudia Valeria, Andrey Ibarra, Nayeli Plata, Raul Ramírez y Nina Corona.

Gracias al Consejo que presiden Armando Culebro y Lucy Chaparro. Gracias especialmente por todo el tiempo que han invertido en Comisión Unidos vs. Trata.

Siempre agradecida por el trabajo que realiza la Academia Pontificia de las Ciencias Sociales en el Vaticano, a través del Canciller Marcelo Sánchez Sorondo, Gaby Marino y un maravilloso equipo que han aportado al mundo más que ninguna otra organización. En México a Alfonso Miranda, Carlos Aguiar, Francisco Robles, Manuel Corral y Alfredo Quintero.

Admiro y aprendo de cada una de las personas que encabezan las organizaciones de Coalition Abolition Prostitution CAP y agradezco en especial a nuestro amigo Gregoire Thery y a Dianne Matte quienes la encabezan.

A las personas que trabajan incansablemente en Fundación Camino a Casa, especialmente a Patricia Prado de Caso quien logró el mejor modelo de Reintegración y que ha donado su tiempo, dinero y esfuerzo desde 2007.

Eternamente agradecida a Germán Villar † y Lorena Argueta de Reintegra, a Andy y Robin McCullough, Rich y Brenda Lotteries, de Reintegra USA, Érica Graves de Unlikely Heroes, Del Chitin y Jeremy Vallerand de Rescue Freedom, Tim Ballard de Operation Underground Railroad.

A todos los amigos de GSN presididos por Raza Jafar.

A Claudia Lizaldi, Martha y Lizeth Sáenz por iniciar el patronato.

A Robert Morris y Jacobo Ramos de Gateway Church.

Muy especial agradecimiento a Alberto y Naty Kibrit, Rafael Avante, Rani Hong y al equipo de Freedom Seal México.

A mi querida Mariana Ruenes y a todo el equipo de @SINTRATA quienes aman y apoyan a sobrevivientes con hechos.

A cada una de mis vecinas que dieron de alta un chat de ayuda a sobrevivientes y están al pendiente para atender necesidades cotidianas.

Especialmente a Olga Sánchez Cordero, Alejandro Encinas, Santiago Nieto, Aaron Mastache, Miguel Ángel Mancera, Eruviel Ávila, Rubén Moreira, Alfredo Del Mazo, Marco Mena, Ignacio Peralta, Francisco García Cabeza de Vaca, Claudia Sheinbaum, Margarita Zavala, Manuel Velasco, Alejandro Gomez, Dilcya García Espinosa de los Monteros, Rodrigo Espeleta, Gabriel O' Shea, Santiago Ramos Millán, Maribel Cervantes, Óscar Valdes, Sergio Chavelas, Luis Cardenas, Melissa Vargas, Jacqueline Garcia, Isabel Sánchez, Angela Quiroga, Mikel Arriola, Guillermina Cabrera, Juana Camila Bautista, Manelich Castilla, Raciel López, Rubén Vasconcelos, José Antonio Aquiahuatl, Oscar Montes de Oca, José Ramón Amieva, Irving Barrios, Edmundo Garrido, Rodrigo De la Riva, Ángeles Dorantes, Rafael Guerra, Ernestina Godoy, Sergio Medina, Leticia Varela, Nancy De La Sierra, Anita Sánchez, Manuel Añorve, Nelly Montealegre, Adriana Lizarraga, Claudia Pérez, Mariana Rodríguez, Adrián Rubalcava, Ernesto Millán, Kenia López.

Hoy tenemos una Ley vs. Trata que nos permite tener presos al 99% de los tratantes de las víctimas que hemos atendido gracias a mis compañeros de la LXI Legislatura y a quienes responsablemente no permitieron los retrocesos: Julieta Fernández Márquez, Leticia López Landeros, Paola Félix Díaz, Fernando De las Fuentes Hernández, José Alfredo Ferreiro Velazco, Pablo Escudero Morales, Hugo Eric Flores Cervantes, Jesús Sesma Suárez, Raúl Cervantes Andrade, Silvana Beltrones Sánchez.

Gracias a todas las organizaciones, abogados, activistas y consejeros de Unidos Vs. Trata que no permitieron los cambios a la Ley vs. Trata que beneficiaba a tratantes y/o que apoyan a las víctimas.

Especialmente gracias a Karla De la Cuesta, Luis Gallego, Patricia Olamendi, Aaron Lara, Ferdinando Recio, Luis Wertman, Adriana De la Fuente, Andrés Simg, Adan y Laura Bernal, Marisol Sosa, Martha Torres, Clemente Cámara, Sylvia Sánchez Alcántara, Verónica Salame, Raúl Arias, Alma Rosa Lugo, Alejo Campos, Bruno Alarcón, Eduardo Achach, Emília Reyes, Nieves Fernández, Avelino y Marisol González, Gonzalo y Virginia Espina, Jony Vázquez, Laura Herrejon, Tito Quiroz, Erika Cortés, Laura Ponce, Lety Mora, Alex y Elizabeth Martínez, Juan Manuel Estrada, José Manuel Sánchez, Raúl Camou, Mariana Villalbazo, Narciso Hernández, Patrícia Yun, Pia De Vecchi, Rodrigo Moreno, José Luis Ayoub, Ayla Merino, Victoria Hernández, Alejandro Martí, Joaquín Quintana, Julio Malvido, Brenda Rosales, Sophie Hayes, Adriana Páramo, Nelly Jimenez O' Farril, Gina Diez Barroso, Sarah Bustani, Ana La Salvia, Beatriz Mendivil, Alejandra Ambosi, Ernestina Sodi, Sergio Castillo,

Alberto y Trixia Valle, Gerardo Fernández Noroña, Andi Buerger, Verónica Flores, Orlando Camacho, Isabel Miranda, Bernardo Noval, Víctor Hugo Martin, Efrén Ruiz, Tanya Moss, René y Lorena Villar, Gilberto y Monica Urzúa, Gustavo y Nancy López, Cesar Daniel y Colibrí Gonzalez, Tere Madruga, Jorge Olvera, Manuel Elizondo, Samuel González, Tere Paredes, Andrés Naime, Elías Huerta, Jorge García Villalobos, Mabel Lozano, Luis Rosales, Raúl López Infante, Cuauhtémoc Ibarra, Héctor Pérez, Nuria Hernández Abarca, Patricia Olamendi, Bhavook, Mariah, Siya Tripathi, Hugo Scherer, Tony Schiena, Lina Kouatly, Blanquita Cullum, Lynn Shaw, Andrea Lafferty, Michael y Carol Hart, Mauricio y Virginia Ruiz, Armando y Martha Alducin, Rebeca Bremer, Norma Ruiz, Diana Aristizabal, Familia Hornung, Hugo y Tati Martínez, Arvi Cruz , Carlos Quiróa, Mike Reyes, Dann Quero, Seth Jafet, Cristian Vélez, Alan Fernando, Joe y Becky Keenan, José y Michel Mayorquin, María Sorté, Rodrigo y Yuri, Rubén Manríquez, Ricardo Del Valle, Antonio Salinas, Lidia Nistor Reteneller, Marianela Mina, Familia Castellanos, Susana Peressutti, Lorena Martins, Gustavo Vera, Gustavo Espinosa, Manuel Elizondo, José Fernández de Cevallos, Adriana y Alfonso Hernández, Ana Bertha y Alex López, Alma Delia y José Luis López, Mayra Rivera, Liébano y Tata Sáenz, Carlos y Esther Rivera, Marce y Christofer Olvera, Claudia y Javier Vargas, Claudia y Omar Dergal, Hortensia y Daniel Serrano, Luciana y David Rodríguez, Mariana y Emilio Balcázar, Evita y Enrique Pineda, Ericka y Jesús Delgado, Marce y Fernando Urrea, Jenny Anduaga, Jéssica Torreslanda, Julia y José Serrano, Lau y Raúl Hernández, Lily y Alex Carpinteiro, Luciana y Paco Soto, Naty y Chuy García, Miguel y Vero Cantero, Silvia y Rolando Espinosa, Galdina Sáenz, Lety Cordoba, Lucy Zezatti, Raquel y Ricardo Pineda, Ángeles y Juan Manuel Soriano, Carla y Ricardo García, Estelita y Luis Marín, Perla y Jorge Ramírez, Mimi y Gustavo Hernández, Karla y Sergio Espín, Esperanza Terán, Lourdes y Bernie Saldivar, Martha y Toño Mandujano, Ramsés Herrera.

A Lupita, Angie, Jazmín y Paola.

A la Red de Refugios Vs Trata y a todas las personas que cada día les ayudan a reconstruir el proyecto de vida, a volver a soñar frente una Hoja en Blanco. Iliana Ruvalcaba, Mariana Wenzel, Adan Duncan, Alma Tucker, Claudia Colimoro, Elsa Simón Ortega, Ernesto y Elba Bautista, Liliana Banegas, Madre María Marcela, Mayra Hernández, Sofía Almazán, Trini Delgado, Nury Reyes, Sandra Diéguez e Irma Mejía. Ustedes realizan el trabajo más importante y difícil en la lucha contra la Trata de personas. Toda mi admiración.

A todos y cada uno de los medios de comunicación que les han dado voz a sobrevivientes y activistas. Especialmente a Adela Micha, Adriana Páramo,

Adriana Pérez Cañedo, Agustín Ceruso, Alejandra Aguayo, Alejandro Cacho López, Alejandro Maldonado, Alejandro Pacheco, Alfonso Clara, Alfredo Villeda, Alicia Salgado, Álvaro Carmona, Amadeo Lara, Amado Avendaño, Amical Salazar, Ana María Lomelí, Ana María Salazar, Ana Paula Ordorica, Andrea Merlo, Andrea Mireles, Arturo Ortiz Mayén, Azu-cena Uresti, Bárbara Barquín, Bibiana Belsasso, Blanca Lolve, Blanca Valadez, Bogdán Castillo, Carlos Aguilar, Carlos Loret de Mola, Carlos Marín, Carlos Puig, Carmen Aristegui, Ciro Di Costanzo, Claudia Arellano, Daisy Paniagua, Danielle Dithurbide, Daniel Flores, David Fuentes, Deena Graves, Edmundo Velázquez, Eduardo Ávila, Eduardo Ramos Fusther, Eduardo Ruíz Healy, Efrén Argüelles, Elisa Salinas, Emma Hernández, Enrique Davis, Enrique Muñoz, Erika De la Luz, Erika Araujo, Estela Livera, Evangelina Hernández, Federico Lamont, Federico Vale Castilla, Fernanda Familiar, Fernanda Tapia, Flor de Luz Osorio Ruiz, Francisco Fortuño, Francisco Garfias, Francisco Zea, Francesca Salinas, Francine Sarrapy Fabre, Gabriela Lara, Gabriela Warketin, Georgina Baltazar, Guadalupe Vallejo, Héctor de Mauleón, Hena Cuevas, Humberto Padgett, Ignacio Anaya, Isaac Ajzen, Isabel Posadas, Ivonne Arriaga, Jaime Núñez Piña, Janett Arceo Maldonado, Jesús Martín Mendoza, Joel Aguirre, Jorge Fernández Meléndez, Jorge Zarza Pineda, Jorge Armando Rocha, José Antonio López, José Cárdenas Vizcaíno, José Luis Arévalo, Juan Antonio Jiménez, Juan Francisco Rocha, Judith Miguel,

AGRADECIMIENTOS

Julián Andrade, Karla Iberia Sánchez, Kimberly Armengol, Leonardo Curzio, Leopoldo Mendívil, Lilly Téllez, Lydiette Carreón, Lolita de la Vega, Lourdes Mendoza, Lorena Morales, Luis Cárdenas, Luis Chaparro, Manuel Santa Ana, Margarita Rodríguez, Mariana Braun, Maribel Carrillo, Mariela Castañón, Mario Torres, Martha Reyes, Martha Debayle, Maxi Pelaez, Mónica Garza, Neyra Moncayo, Nino Canún, Nora Patricia Jara López, Óscar Mario Beteta, Pablo Hiriart, Pamela Cerdeira, Pamela Zazueta, Paola Rojas Hinojosa, Pedro Ferriz Hijar, Pepe Vega, Porfirio Patiño, Rafael Romo, Raúl Flores, Raúl García Araujo, Raymundo Rivapalacio, Ricardo Rocha, Roberto Avilés Vázquez "Callo de hacha", Roberto Rock, Rocío Marfil, Ruffo, Rufino Irineo, Salvador García Soto, Santos Mondragón, Selene Ávila, Sofía Sánchez Navarro, Témoris Grecko, Tirma Pérez Escudero, Tristán Canales, Vanessa Job, Víctor Hugo Acevedo, Víctor Hugo Michel, Víctor Trujillo "Brozo", Yazmil Jalil, Yohali Reséndiz.

A las personas detractoras en el tema de trata de personas, les agradezco que muchos activistas y luchadores nos levantáramos y pudiéramos sacar lo mejor de nosotros mismos.

A ti funcionaria y funcionario público que le has apostado al tema de rescatar la dignidad de las sobrevivientes de trata de personas todo mi reconocimiento y gratitud.

A cada una de las y los activistas, sobrevivientes y supervivientes que hoy comparten su testimonio para prevenir la trata, gracias por todo lo que me han permitido aprender, les admiro. Gracias por pensar en quienes pueden caer en las redes o deben ser rescatadas. Estamos seguros de que su historia moverá corazones.

A ti que has apoyado con donativos, con publicaciones, con trabajo, con tu valioso tiempo, gracias, mil gracias; pero hace falta más.

Sobre la autora

Rosi Orozco, activista incansable que trabaja en la prevención del delito de trata de personas desde hace más de 14 años. Su mensaje ha alcanzado a millones de personas alrededor del mundo; con particular éxito en reintegrar a la sociedad a víctimas de este delito. Rosi se ha dedicado a la promoción y defensa de los Derechos Humanos a través de diversas asociaciones. Desde el 2005 se ha especializado en acciones para prevenir y combatir la trata de personas; así como en el acompañamiento de más de 300 supervivientes, asegurándose de que reciban apoyo y cuidados personalizados de acuerdo con sus necesidades. En el 2009, como legisladora de LXI legislatura, desde la Cámara de Diputados impulsó la Ley General contra este crimen, la cual ha logrado resultados impactantes en el avance del combate a la trata. Rosi ha escrito cuatro libros y por su labor ha recibido reconocimientos nacionales e internacionales; aunque realizar este trabajo también ha expuesto su vida al peligro en innumerables ocasiones.

Son las y los supervivientes de trata de personas quienes impulsan a Rosi a seguir luchando por alcanzar un México libre de éste.

Rosi cree que: "Unidos hacemos la diferencia, y ya lo estamos haciendo".

Rosi Orozco:
Instagram @Rosi_Orozco
Facebook Rosi Orozco
Twitter @rosiorozco.

Comisión Unidos Vs. Trata:
@unidosvstrata
www.comisionunidos.org.

Fundación Camino a Casa:
@fcaminoacasa
www.fundacioncaminoacasa.org

Sobre la colaboradora

Rita María Hernández es esposa, mamá y abuela. Tiene una maestría en ciencias de la educación y un doctorado en políticas públicas por la Universidad de Baja California con especialidad en consejería para mujeres, adolescentes y niñas. Ha trabajado por 35 años en el ámbito de la educación, dirigiendo centros escolares, escribiendo currícula y capacitando líderes. Por 10 años ha trabajado en temas relacionados a la trata de personas por explotación sexual y la violencia contra las mujeres y niñas. De 2015 a 2018 trabajó como Directora de la Comisión Unidos Vs. Trata en donde todavía colabora. Hoy, funge como directora general de Servicios Educativos HPA, es miembro del comité ejecutivo de la Coalición Internacional por la Abolición de la Prostitución, es presidenta de la organización Por Siempre Libre en Tijuana y directora general de Mujer Libre, un ministerio en línea para mujeres. Fue la ganadora del premio de Derechos Humanos del 2017 por Baja California que otorga la Comisión Estatal de Derechos Humanos del estado.

Si tú estás de acuerdo que las víctimas merecen una nueva historia, una nueva oportunidad, tómate una foto con una **#HojaEnBlanco** y envíala a
@unidosvstrata *Twitter*
Unidos vs. Trata *Facebook*
unidosvstrata *Instagram*

Únete al movimiento

#HojaEnBlanco

Denuncia la trata de personas
de manera confidencial y segura al:

5591

292929

Crime Stoppers
www.tupista.org

Esta obra se terminó de imprimir en octubre de 2019,
en los talleres de Litográfica Ingramex, S.A. de C.V.
Centeno 162-1, Col. Granjas Esmeralda,
C.P. 09810, Ciudad de México.